总主编　林家阳

文创开发与设计

王俊涛　主编

中国轻工业出版社

图书在版编目（CIP）数据

文创开发与设计/王俊涛主编. —北京：
中国轻工业出版社，2025.2
　ISBN 978-7-5184-2399-6

Ⅰ.①文… Ⅱ.①王… Ⅲ.①文化产品—产品设计—高等学校—教材 ②文化产品—产品开发—高等学校—教材　Ⅳ.①G124

中国版本图书馆CIP数据核字（2019）第042977号

责任编辑：毛旭林　徐　琪　　责任终审：劳国强　　整体设计：锋尚设计
策划编辑：毛旭林　　　　　　　责任校对：吴大朋　　责任监印：张　可

出版发行：中国轻工业出版社（北京鲁谷东街5号，邮编：100040）
印　　刷：鸿博昊天科技有限公司
经　　销：各地新华书店
版　　次：2025年2月第1版第11次印刷
开　　本：787×1092　1/16　印张：9.5
字　　数：160千字
书　　号：ISBN 978-7- 5184-2399-6　定价：58.00元
邮购电话：010-85119873
发行电话：010-85119832　010-85119912
网　　址：http://www.chlip.com.cn
Email：club@chlip.com.cn
版权所有　侵权必究
如发现图书残缺请与我社邮购联系调换
250168J1C111ZBW

序一
PROLOG 1

中国的艺术设计教育起步于 20 世纪 50 年代，改革开放以后，特别是 90 年代进入一个高速发展的阶段。由于学科历史短，基础弱，艺术设计的教学方法与课程体系受苏联美术教育模式与欧美国家 20 世纪初形成的课程模式影响，呈现专业划分过细，实践教学比重过低的状态，在培养学生的综合能力、实践能力、创新能力等方面出现较多问题。

随着经济和文化的大发展，社会对于艺术设计专业人才的需求量越来越大，市场对艺术设计人才教育质量的要求也越来越高。为了应对这种变化，教育部将"艺术设计"由原来的二级学科调整为"设计学"一级学科，既体现了对设计教育的重视，也是进一步促进设计教育紧密服务于国民经济发展的必要。因此，教育部高等学校设计学类专业教学指导委员会也在这方面做了很多工作，其中重要的一项就是支持教材建设工作。

2021 年是"十四五"的开局之年，在教育部全面推动普通本科院校向应用型本科院校转型工作的大背景下，由设计学类专业教指委副主任林家阳教授任总主编的这套教材，在强调应用型教育教学模式、开展实践和创新教学，整合专业教学资源、创新人才培养模式等方面做了大量的研究和探索；一改传统的"重学轻术""重理论轻应用"的教材编写模式，以"学术兼顾""理论为基础、应用为根本"为编写原则，从高等教育适应和服务经济新常态，助力创新创业、产业转型和国家一系列重大经济战略实施的角度和高度来拟定选题、创新体例、审定内容，可以说是近年来高等院校艺术设计专业教材建设的力度之作。

设计是一门实用艺术，检验设计教育的标准是培养出来的艺术设计专业人才是否既具备深厚的艺术造诣，实践能力，同时又有优秀的艺术创造力和想象力，这也正是本套教材出版的目的。我相信在应用型本科院校的转型过程中，本套教材能对学生奠定学科基础知识、确立专业发展方向、树立专业价值观念、提升专业实践能力产生有益的引导和切实的借鉴，帮助他们在以后的专业道路上走得更长远，为中国未来的设计教育和设计专业的发展提供新的助力。

教育部高等学校设计学类专业教学指导委员会原主任
中国艺术研究院 教授 / 博导 谭平

序二
PROLOG 2

办学，能否培养出有用的设计人才，能否为社会输送优秀的设计人才，取决于三个方面的因素：首先是要有先进、开放、创新的办学理念和办学思想；其二是要有一批具有崇高志向、远大理想和坚实的知识基础，并兼具毅力和决心的学子；最重要的是我们要有一大批实践经验丰富、专业阅历深厚、理论和实践并举、富有责任心的教师，只有老师有用，才能培养有用的学生。

除了以上三个因素之外，还有一点也非常关键，不可忽略的，我们还要有连接师生、连接教学的纽带——兼具知识性和实践性的课程教材。课程是学生获取知识能力的宝库，而教材既是课程教学的"魔杖"，也是理论和实践教学的"词典"。"魔杖"通过得当的方法传授知识，让获得知识的学生产生无穷的智慧，使学生成为文化创意产业的有生力量。这就要求教材本身具有创新意识。本套教材从设计理论、设计基础、视觉设计、产品设计、环境艺术、工艺美术、数字媒体和动画设计等八个方面设置的系列教材，在遵循各自专业教学规律的基础上做了不同程度的探索和创新。我们也希望在有限的纸质媒体基础上做好知识的扩充和延伸，通过本套教材中的案例欣赏、参考书目和网站资料等，起到一部专业设计"词典"的作用。

我们约请了国内外大师级的学者顾问团队、国内具有影响力的学术专家团队和国内具有代表性的各类院校领导和骨干教师组成的编委团队。他们中有很多人已经为本系列教材的诞生提出了很多具有建设性的意见，并给予了很多有益的指导。我相信以我们所具有的国际化教育视野以及我们对中国设计教育的责任感，能让我们充分运用这一套一流的教材，为培养中国未来的设计师奠定良好的基础。

教育部高等学校设计学类专业教学指导委员会副主任
教育部职业院校艺术设计类专业教学指导委员会原主任
同济大学教授 / 博导 林家阳

前言
FOREWORD

文化创意（简称"文创"）产业是一种在全球经济高度发展背景下产生，以"创造力"为核心的新兴产业，其强调一种主体文化或文化因素通过技术、创意和产业化的方式开发、营销知识产权的行业。文化创意产业主要涉及广播影视、造型艺术、表演艺术、设计艺术、软件和计算机服务等方面的创意群体。近年来，"文创"成为热门词汇，文创产业也在中国掀起了一股热潮。国内许多"文创产品"如同雨后春笋一般出现在了大众视野之中，但是因为缺乏系统的逻辑方法，大部分的文创产品处于早期阶段，文化底蕴不足以及创意的缺乏使得许多文创产品成了市场的"消耗品"，造成了资源的浪费。

2014年国务院以国发〔2014〕10号印发《关于推进文化创意和设计服务与相关产业融合发展的若干意见》，其中提出文化具有引领作用，强化文化创意和设计服务与相关产业融合发展已经成为国家战略。在十八大中，多位代表明确提出中国的文化产业不能局限在以往的模式中，产品要具有"公益性"的内涵；在提高产品质量的同时，考虑生产运营的问题；文化产品应该因地制宜，突出区域的特色；重视对非物质文化遗产的传承；挖掘自身力量，提高公共服务力，加快文化产业改革。十九大报告中提出："满足人民过上美好生活的新期待，必须提供丰富的精神食粮"。从党的十九大报告强调"要坚定文化自信，推动社会主义文化繁荣兴盛"，党的二十大报告提出"推进文化自信自强，铸就社会主义文化新辉煌"。民族得复兴离不开文化的繁荣昌盛，推进文化自信自强，是以更强烈的历史主动精神，推动文化繁荣发展，广大文化工作者使命重大。设计师在"文创开发与设计"的过程中应当考虑：使用何种文化元素，表达的方式是否恰当，产品的造型是否合理，文化内涵是否被大众所喜爱以及产品设计是否符合实际生产要求等具体要素。当下中国经济正在往"第三产业"转型中，文创项目主要以精神文化消费为主体，文化与产品的结合要以"创新"为链接纽带，发挥"创新"的主体作用，使文化与产品巧妙结合；善于发现区域文化特色，积极挖掘传统中国文化的细小分支，逐步建立中华传统文化创意之树；文化创意产业的发展也离不开传统文化基础，中国悠久深厚的传统文化有其资源优势。

本书共分为四章，第一章概念与原则，第一节简要阐述文化的概念、各类文化的分类、文化元素资源的内容、文化的功能和特点以及文化对设计的引导；第二节介绍文化产品的概念，对比文化产品与产品文化的关系，文化产品设计目标，文化产品的类型；第三节简述文创开发与设计产生的背景，其发展沿革及趋势，文化产品的设计方法；第四节主要阐述课程的设计原则和评价标准。第二章设计与实训为本书的核心内容，分"衣""食""住""行""文""娱"六个方面，从"形""色""质""神""香""味""意""安""触""式""境""休""娱""便""道""为""数"这十七个角度展开，其实践程序为：理解课题、市场调研、功能分析、概念提炼、概念方案、草图发想、设计深化、方案评估、设计完成、案例展示。第三章创意设计创业策略分为三节。第一节介绍自主创业的概念和自主创业的分类形式对经济趋势的理解和前景展望；第二节详细地介绍了创业的基础环节，普及法律知识并讲述风险规避意义及方法，创业者如何调整心态做好精神准备；第三节阐述如何正确评估认识自我，了解自身实际情况，阐述创业所需的专业知识和基本技能。第四章为欣赏与分析，搜集了相关具有代表性的文创案例，供参考学习。

中国文化创意产业正处在蓬勃发展的大好时期，其间涌现了很多出类拔萃的文创品牌以及优秀的设计界前辈。文化繁盛之中，必有百家争鸣之势。尽管编者为本书的完成付出了极大的努力，书中错误和疏漏之处在所难免，在此，恳请各位专家、学者不吝指正。

王俊涛

课时安排

（参考课时：40）

章　节	课程内容	课　时	
第一章　概念与原则	第一节　文化的基本概念	1	4
	第二节　文化产品	1	
	第三节　课程的沿革和发展	1	
	第四节　课程的设计原则和评价标准	1	
第二章　设计与实训	第一节　项目训练——衣	4	24
	第二节　项目训练——食	4	
	第三节　项目训练——住	4	
	第四节　项目训练——行	4	
	第五节　项目训练——文	4	
	第六节　项目训练——娱	4	
第三章　创意设计创业策略	第一节　基本概念	1	4
	第二节　创业条件	2	
	第三节　创业前期准备	1	
第四章　欣赏与分析	第一节　相同元素的不同产品设计	1	8
	第二节　相同工艺的不同产品设计	1	
	第三节　文创品牌的塑造与经营	1	
	第四节　"城市印象"主题文化产品设计	1	
	第五节　少数民族文创产品设计开发	1	
	第六节　非遗传承与民艺设计开发	1	
	第七节　传统文化的传承与时尚化	1	
	第八节　台湾高雄大学工艺与创意设计学系学生文创作品	1	

目录

001	第一章	概念与原则
001	第一节	文化的基本概念
019	第二节	文化产品
025	第三节	课程的沿革和发展
029	第四节	课程的设计原则和评价标准

031	第二章	设计与实训
031	第一节	项目训练——衣
042	第二节	项目训练——食
055	第三节	项目训练——住
066	第四节	项目训练——行
078	第五节	项目训练——文
090	第六节	项目训练——娱

103	第三章	创意设计创业策略
103	第一节	基本概念
104	第二节	创业条件
111	第三节	创业前期准备

114	第四章	欣赏与分析
114	第一节	相同元素的不同产品设计
117	第二节	相同工艺的不同产品设计
118	第三节	文创品牌的塑造与经营
121	第四节	"城市印象"主题文化产品设计
125	第五节	少数民族文创产品设计开发
128	第六节	非遗传承与民艺设计开发
131	第七节	传统文化的传承与时尚化
138	第八节	台湾高雄大学工艺与创意设计学系 学生文创作品

141		后记

143		参考文献

第一章
概念与原则

1

第一节 文化的基本概念

文化是一个非常广泛的概念，给它下一个严格和精确的定义是一件困难的事情。不少哲学家、社会学家、人类学家、历史学家和语言学家一直努力，试图从各自学科的角度来界定文化的概念。笼统地说，文化是一种社会现象，是多元化的。同时又是一种历史现象，是社会历史的积淀物。确切地说，文化是指一个国家或民族的历史地理、风土人情、传统习俗、行为方式、思考习惯、价值观念、文学艺术等包罗万象（如图1-1-1所示）。

一、文化的概念

（一）国内文化的概念

国内文化是指中国文化，是以华夏文明为基础，充分整合全国各地域和各民族文化要素而形成的文化。不同于中华文化的国际属性，可以称之为"中国的文化"。受中华文明影响较深的东方文明体系被称为"汉文化圈"，特指社会意识形态，是社会政治、经济与科学技术发展水平的反映。中国文化不但对日本、朝鲜半岛产生过重要影响，还对越南、新加坡等东南亚、南亚国家乃至美洲地区产生了深远的影响。国内文化又存在着古代释义和现代释义。

1. 古代释义

中国人论述"文化"，比西方人要早得多。《周易》有所谓："观乎天文以观时变；观乎人文，以化成天下"，这大概是中国人论述"文化"之始，但其中"文化"一词尚未联结在一起。"文化"一词实际是"文"与"化"的组合。"文"的本义，指各色交错的纹理。《易·系辞下》载："物相杂，故曰文。"

图1-1-1 陈小俊《镜空之相》系列
一 尺寸：40cm×40cm×43cm
材质：陶瓷混合（1280℃还原烧成）
2015年

《礼记·乐记》称："五色成文而不乱。"《说文解字》称："文，错画也，象交叉"均指此义。以此为基础，"文"又引申出如下词义：

第一，为包括语言文字在内的各种象征符号，进而具体化为文物典籍、礼乐制度。《尚书·序》所载伏羲八卦，造书契，"由是文籍生焉"，《论语·子罕》所载孔子说"文王既没，文不在兹乎"。

第二，彩画、装饰、修养的意思，与"质""实"对称，所以《尚书·舜典》疏曰"经纬天地曰文"，《论语·雍也》称"质胜文则野，文胜质则史，文质彬彬，然后君子"。

第三，美、善、德行的意思，这便是《礼记·乐记》所谓"礼减而进，以进为文"，郑玄注"文犹美也，善也"，《尚书·大禹谟》所谓"文命敷于四海，祗承于帝"。

"化"，本义为改易、生成、造化，如《庄子·逍遥游》："化而为鸟，其名曰鹏"。《易·系辞下》："男女构精，万物化生"。《黄帝内经·素问》："化不可代，时不可违"。《礼记·中庸》："可以赞天地之化育"，等等。归纳以上诸说，"化"指事物形态或性质的改变，同时"化"又可引申为教行迁善的意思。

"文"与"化"并联使用，较早见之于战国末年儒生编辑的《易·贲卦·象传》：(刚柔交错)，天文也。文明以止，人文也。观乎天文，以察时变；观乎人文，以化成天下。这段话里的"文"，即从纹理之义演化而来。日月往来交错文饰于天，即"天文"，亦即天道自然规律。同样，"人文"，指人伦社会规律，即社会生活中人与人之间纵横交织的关系，如君臣、父子、夫妇、兄弟、朋友，构成复杂网络，具有纹理表象。这段话说，治国者须观察天文，以明了时序之变化，又须观察人文，使天下之人均能遵从文明礼仪，行为止其所当止。在这里，"人文"与"化成天下"紧密联系，"以文教化"的思想已十分明确（如图1-1-2所示）。

西汉以后，"文"与"化"方合成一个整词，如刘向《说苑·指武》"圣人之治天下也，先文德而后武力。凡武之兴，为不服也。文化不改，然后加诛"，晋人束晳《文选·补之诗》"文化内辑，武功外悠"。这里的"文化"，或与天造地设的自然对举，或与无教化的"质朴""野蛮"对举。是指与国家军事手段相对的一个概念，即国家的文教治理手段。到唐代学者孔颖达则别有见地的解释《周易》中的"文化"一词，认为"圣人观察人文，则诗书礼乐之谓"，这实际上是说"文化"主要是指文学礼仪风俗

图1-1-2　陈小俊-镜瞳系列组合　尺寸：300cm×20cm×55cm　材质：陶瓷混合（1280℃还原烧成）2017年

等属于上层建筑的东西。古人对文化的这种规定性从汉唐时起一直影响到清代，因此明末清初的大学者顾炎武在《日知录》中说"自身而至于家国天下，制之为度数，发之为音容，莫非文也"，即人自身的行为表现和国家的各种制度，都属于"文化"的范畴。

因此，在汉语系统中，"文化"的本义就是"以文教化"，它表示对人的性情的陶冶，品德的教养，本属精神领域之范畴。随着时间的流变和空间的差异，"文化"已成为一个内涵丰富、外延宽广的多维概念，成为众多学科探究、阐发、争鸣的对象（如图1-1-3所示）。

2. 现代释义

文化是生物在其发展过程中逐步积累起来的与自身生活相关的知识或经验，是其适应自然或周围环境的体现。自然界中的任何一个生物，都有一个适应自然或其周围环境的一个过程。从这一点来说，任何一个生物都应该具备一个与之相应的知识或经验。因此，我们所说的"文化"，严格地来讲，是"人文"的范畴。理由是当今社会中的"文化"，是以"人"为核心的。

文化（wén huà），释义如下：

（1）考古学上指同一历史时期的遗迹、遗物的综合体。同样的工具、用具、制造技术等是同一种文化的特征；

（2）人类所创造的财富的总和，特指精神财富，如文学、艺术、教育、科学；

（3）运用文字的能力及一般知识。

台北故宫博物院一款"朕知道了"纸胶带以其霸气、幽默、集文物知识与时尚趣味于一身的独特气质风靡海峡两岸，借《甄嬛传》风行的契机，至2014年3月已售出139000组，共计2660万元的惊人成绩（如图1-1-4所示）。

由北京故宫博物院出品的一款"入耳式"朝珠耳机一夜间成了被热捧的"爆款"潮品。朝珠是清代朝服上佩戴的珠串，形状与和尚胸前挂的念珠相似，是地位和身份的标志之一。朝珠耳机的创意则是将这一清代宫廷特有的物品与现代时尚产品相结合，材料为仿蜜蜡，佩戴时外观为整圈朝珠，肩部两侧延伸出入耳式耳机，底部为插口接头，体现复古、时尚、实用的特点（如图1-1-5所示）。

（二）国外文化的概念

1. 古代释义

"culture"（文化）一词起源于拉丁文的动词"Colere"，在1690年安托万·菲雷蒂埃的《通用词典》中，其定义为"人类为使土地肥沃，种植树木和栽培植物所采取的耕耘和改良措施"，并有注释称"耕种土地是人类所从事的一切活动中最诚实、

图1-1-4 台北故宫博物院"朕知道了"胶带

图1-1-5 北京故宫博物院 朝珠耳机

图1-1-3 文化与社会的关系

最纯洁的活动"，看来，此时西方人观念中的"文化"只是被用来隐喻人类的某种才干和能力，是表示人类某种活动形式的词汇。(故园艺学在英语为Horticulture)，后引申为培养一个人的兴趣、精神和智能。

而"文化"一词成为一个完整体系的表示方式，即术语，大约要到19世纪中叶才形成，这以后，文化和文明常被看作是同一事物的两个方面。学者们从人类学和社会学的角度探讨文化现象及其历史发展，给"什么是文化"做了许多解释，其中较有影响的观点有三种：

第一种是方式论，即认为文化是一定民族的生活方式，是一种并非由遗传而得来的生活方式。这里包括了人们的兴趣、爱好、风俗、习惯，强调了文化的继承性。譬如，美国著名文化人类学者鲁斯·本尼迪克特的"文化"定义是"文化是通过某个民族的活动而表现出来的一种思维和行动方式，一种使这个民族不同于其他任何民族的方式"。

第二种是过程论，即认为是人类学习和制造工具，特别是制造定型工具的过程，这里包含了人类智力和创造能力的不断进化，强调了文化的演进性。

第三种是复合论，即认为文化是作为社会的一个成员所获得的包括知识、信仰、艺术、音乐、风俗、法律以及其他种种能力的复合体，这强调了文化的熔铸性，譬如英国伟大的人类学家爱德华·泰勒1871年在其《原始文化》一书中提出："据人种志学的观点来看，文化或文明是一个复杂的整体，它包括知识、信仰、艺术、伦理道德、法律、风俗和作为一个社会成员的人通过学习而获得的任何其他能力和习惯。"(如图1-1-6所示)

2. 现代释义

现代英语中，culture（文化）的词义更广泛。牛津大学出版的《现代高级英汉双解词典》列举五种含义：

①人类能力的高度发展；借训练与经验而促成的身心发展；(身体的)锻炼；(心性与精神的)修养。

②人类社会智力发展的证据；文明；文化(指艺术、建筑、科学等)。

③一个民族的智力发展状况；某一特定形式的文化。

④培养；种植；栽培；(蜂、蚕等的)饲养。

⑤细菌的培养。

以上五种含义中的第②、③两项，属于专门的术语，即一个世纪以来学术界所争执的文化定义。作为术语概念，形成于19世纪中叶。《美利坚百科全书》中的culture条目解释："文化作为专门术语，于19世纪中叶出现在人类学家的著作中"。

英国人类学家B. K. 马林诺夫斯基发展了泰勒的文化定义，于20世纪30年代著《文化论》一书，认为"文化是指那一群传统的器物、货品、技术、思想、习惯及价值而言的，这概念包容和调节着一切社会科学。我们亦将见，社会组织除非视作文化的一部分，实是无法了解的。"他还进一步把文化分为物质的和精神的，即所谓"已改造的环境和已变更的人类有机体"两种主要成分。

用结构功能的观点来研究文化是英国人类学的一个传统。英国人类学家A. R. 拉德克利夫—布朗认为，文化是一定的社会群体或社会阶级与他人的接触交往中习得的思想、感觉和活动的方式。文化是人们在相互交往中获得知识、技能、体验、观念、

图1-1-6　漆器《花非花》
《夏日采妍》黄丽淑（中国台湾）

信仰和情操的过程。他强调，文化只有在社会结构发挥功能时才能显现出来，如果离开社会结构体系就观察不到文化。例如，父与子、买者与卖者、统治者与被统治者的关系，只有在他们交往时才能显示出一定的文化。

法国人类学家C.列维—斯特劳斯从行为规范和模式的角度给文化下定义。他提出："文化是一组行为模式，在一定时期流行于一群人之中，……并易于与其他人群之行为模式相区别，且显示出清楚的不连续性"。英国人类学家R.弗思认为，文化就是社会。社会是什么，文化就是什么。他在1951年出版的《社会组织要素》一书中指出，如果认为社会是由一群具有特定生活方式的人组成的，那么文化就是生活方式。

除以上各种解释外，尚有符号说、限定说等各种说法。美国文化人类学家A.L.克罗伯和K.科拉克洪在1952年发表的《文化：一个概念定义的考评》中，对西方自1871年至1951年期间关于文化的160多种定义做了清理与评析，然后他们对文化下了一个综合定义："文化存在于各种内隐的和外显的模式之中，借助符号的运用得以学习与传播，并构成人类群体的特殊成就，这些成就包括他们制造物品的各种具体式样，文化的基本要素是传统（通过历史衍生和由选择得到的）思想观念和价值，其中尤以价值观最为重要。"这一文化的综合定义基本为现代东西方的学术界所认可，有着广泛的影响。

马克思主义理论对文化作了一种新的解释，把文化分为广义和狭义两种。在罗森塔尔·尤金所编的《哲学小辞典》中认为文化"是人类在社会历史实践过程中创造的物质财富和精神财富的总和"，这就是所谓"广义的文化"，而与之区别的"狭义"则是专指精神文化而言，即社会意识形态以及与之相适应的典章制度、政治和社会组织、风俗习惯、学术思想、宗教信仰、文学艺术等（如图1-1-7所示）。

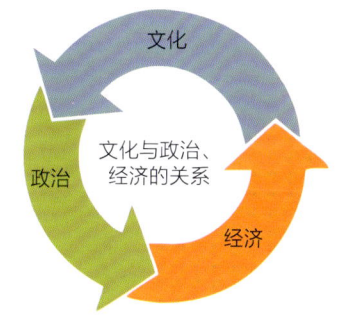

图1-1-7　文化与政治、经济的关系

二、文化的分类

文化的分类方法有很多，大致可以概括为以下几点：

①从时间角度上讲，有原始文化，古代文化，近代文化，现代文化。

②从空间角度讲，有东方文化，西方文化，海洋文化，大陆文化。

③从社会层面上讲，有贵族文化，平民文化，官方文化，民间文化，主流文化，边缘文化。

④从社会功用上，分为礼仪文化，制度文化，服饰文化，校园文化，企业文化等。

⑤从经济形态方面，又有牧猎文化，渔盐文化，农业文化，工业文化，商业文化等。

⑥按其形式来划分：物质文化、非物质文化（技术、手艺、语言、能力等）。

⑦以色彩隐喻分类：红色文化、黄色文化、蓝色文化等。

⑧按人的年龄划分：老年文化、青壮年文化、少年文化等。

⑨从文化的内在逻辑层次上，又可分为物态文化，心态文化，行为文化，制度文化四个层次（物态文化层是人类的物质生产活动方式和产品的总和，是可触知的具有物质实体的文化事物。心态文化是人类在社会意识活动中孕育出来的价值观念、审美情趣、思维方式等主观因素，相当于通常所说的精神文化、社会意识等概念。这是文化的核心。行为文化层是人际交往中约定俗成的以礼俗、民俗、风俗等形态表现出来的行为模式。制度文化层是人类在社会实践中组建的各种社会行为规范。）。

（一）物质文化与非物质文化

1. 物质文化

物质文化是指人类创造的种种物质文明，包括交通工具、服饰、日常用品等，是一种可见的显性文化。制度文化和心理文化分别指生活制度、家

图1-1-8　贺岁瓷盘　章晨设计
《金童纳福·马到成功》2014年、
《吉祥如意·喜气洋洋》2015年、
《金猴闹春·福娃报喜》2016年、
《金鸡纳福·大吉大利》2017年

图1-1-9　回避肃静苍蝇拍
刘正茂设计

庭制度、社会制度以及思维方式、宗教信仰、审美情趣，它们属于不可见的隐性文化。包括文学、哲学、政治等方面内容。狭义的文化是指人们普遍的社会习惯，如衣食住行、风俗习惯、生活方式、行为规范等（如图1-1-8所示）。

2．非物质文化

非物质文化是指那些非物质形态的，有艺术价值历史价值的东西，是人类在社会历史实践过程中所创造的各种精神文化。非物质文化含义大体上可分为三个部分：

①与自然环境相配合和适应而产生的，如自然科学、宗教、艺术、哲学等；

②与社会环境相配合和适应而产生的，如语言、文字、风俗、道德、法律等；如楹联等。

③与物质文化相配合和适应而产生的，如使用器具、器械或仪器的方法等。

如图1-1-9所示，这一款充满中国古代文化的"回避、肃静苍蝇拍"，融入我国古代升堂时的警示文化，让消灭苍蝇变得"有理有据"，出手之间似乎也变得更优雅、绅士。

（二）传统文化&现代时尚文化

1．传统文化

传统文化就是文明演化而汇集成的一种反映民族特质和风貌的民族文化，是民族历史上各种思想文化、观念形态的总体表征。世界各地，各民族都有自己的传统文化。中国的传统文化以儒家为主，还有道家、佛家等文化形态，包括：古文、诗、词、曲、赋、民族音乐、民族戏剧、曲艺、国画、书法、对联、灯谜、射覆、酒令、歇后语等。传统文化是在特定时期形成的，必定有其时代局限性。从而世界文化角度来学习，世界各民族的文化互有长短，只有互相学习，才能共同进步（如图1-1-10、图1-1-11所示）。

如图1-1-12所示，这款挂钟名为"墨竹"，竹叶被设计成了指针，随着时光转动。竹叶指针巧妙地融入了"画"中，与钟盘的图案融为一体。钟框变成了"画框"。挂这样一款时钟在家里，抬头仿佛看到了月光与微风共同作用下游移的竹影。

2．流行文化

流行文化（Popular Culture），指那些从主流文化中分化出来的一些短期内为社会所接受、被社会大众吹捧的文化趋势。通常是社会上大多数成员参与，并以物质或非物质的形态表现出这个时代人们的心理状况与价值取向的社会文化，它通常借助于这个时代先进的媒介工具传播与消亡，并对社会产生一定的影响。流行文化以商品经济为基础，以大众传媒为载体，以娱乐为主要目的，以流行趣味为引导，包括时装、时髦、消费文化、休闲文化、奢侈文化、物质文化、流行生活方式、流行品位、都市文化、次文化、大众文化以及群众文化等。

"双十一"即指每年的11月11日,是指由电子商务为代表的,在全中国范围内兴起的大型购物促销狂欢日。自从2009年10月1日和中秋节一起双节同过开始,每年的11月11日,以天猫、京东、苏宁易购为代表的大型电子商务网站一般会利用这一天来进行一些大规模的打折促销活动,以提高销售额度,逐渐成为中国互联网最大规模的商业促销狂欢活动。马云创造的双11全球购物狂欢节。2018年11月11日24时,2018天猫双11全球狂欢节落幕,新零售能量全面爆发,"全球共振"效应凸显,全天成交额打破2017年1682亿元纪录,达到2135亿元(如图1-1-13所示)。

尽管流行文化可能是一些不断发生变化、没有固定特征的现象,但由于互联网及电视的日益普及,流行文化已经变成了一个全球性的现象。当代流行文化涉及的领域非常宽广,遍及社会大众日常生活的方方面面。人们的衣、食、住、行,以及各种物质的、精神的需求都是产生流行文化的源泉。当代社会成员热衷的上网、健身、旅游等行为引起生活方式的变化,也都是流行文化研究的领域。设计师在分析流行文化的影响时,可以考虑语言、音乐、文字、服装、精神偶像、休闲娱乐等方面的因素(如图1-1-14所示)。

流行文化的娱乐性、休闲性、大众性、通俗性、消费性、商业性、产业性、时效性等性质决定了它是与严肃的、高雅的、精英的、专业的、经典的、传统的、乡土的、民族的、精致的、公益的等性质的文化相区别的文化。流行文化是奔跑的文化,颠覆传统意义,重新建构文化格局,其商业化运作更为完善,文化消费观念深入人心,其全球化的文化语境,带动经济层面的商业利益驱动,使得

图1-1-10　书法《丙申寒露》王俊涛诗作并题　2016年

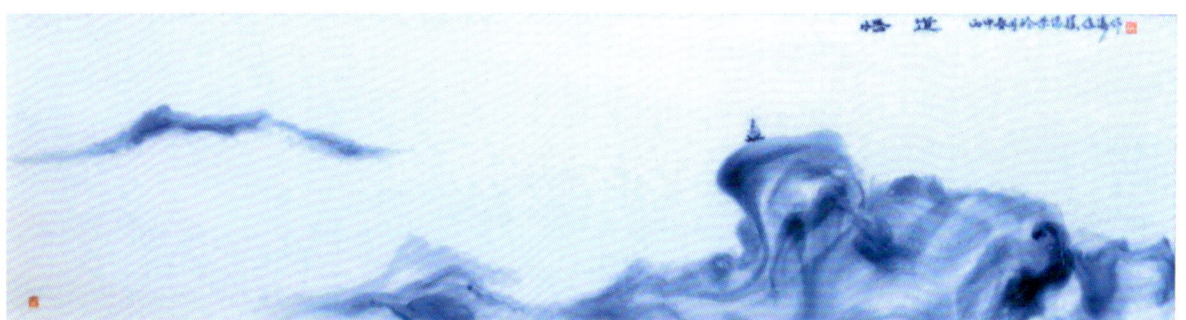

图1-1-11　《悟道》写意青花瓷版画　王俊涛绘　2016年

图1-1-12　"意外"品牌设计师原创设计　墨竹挂钟　　　图1-1-13　天猫双11全球购物狂欢节十周年　2018年

社会心理层次中"自我"的确认与人性解放,并以大众传播平台促进文化流行。

(三)主流文化与非主流文化

1. 主流文化

主流文化是一个社会、一个时代受到倡导的、起着主要影响的文化。每个时期都有当时的主流文化,我国封建社会的主流文化是儒家文化,自汉武帝"罢黜百家,独尊儒学",直到清末,历代帝王都崇尚儒学。在西方,中世纪以来一直是以基督教文化为主流。我国现阶段正处在社会主义建设之中,

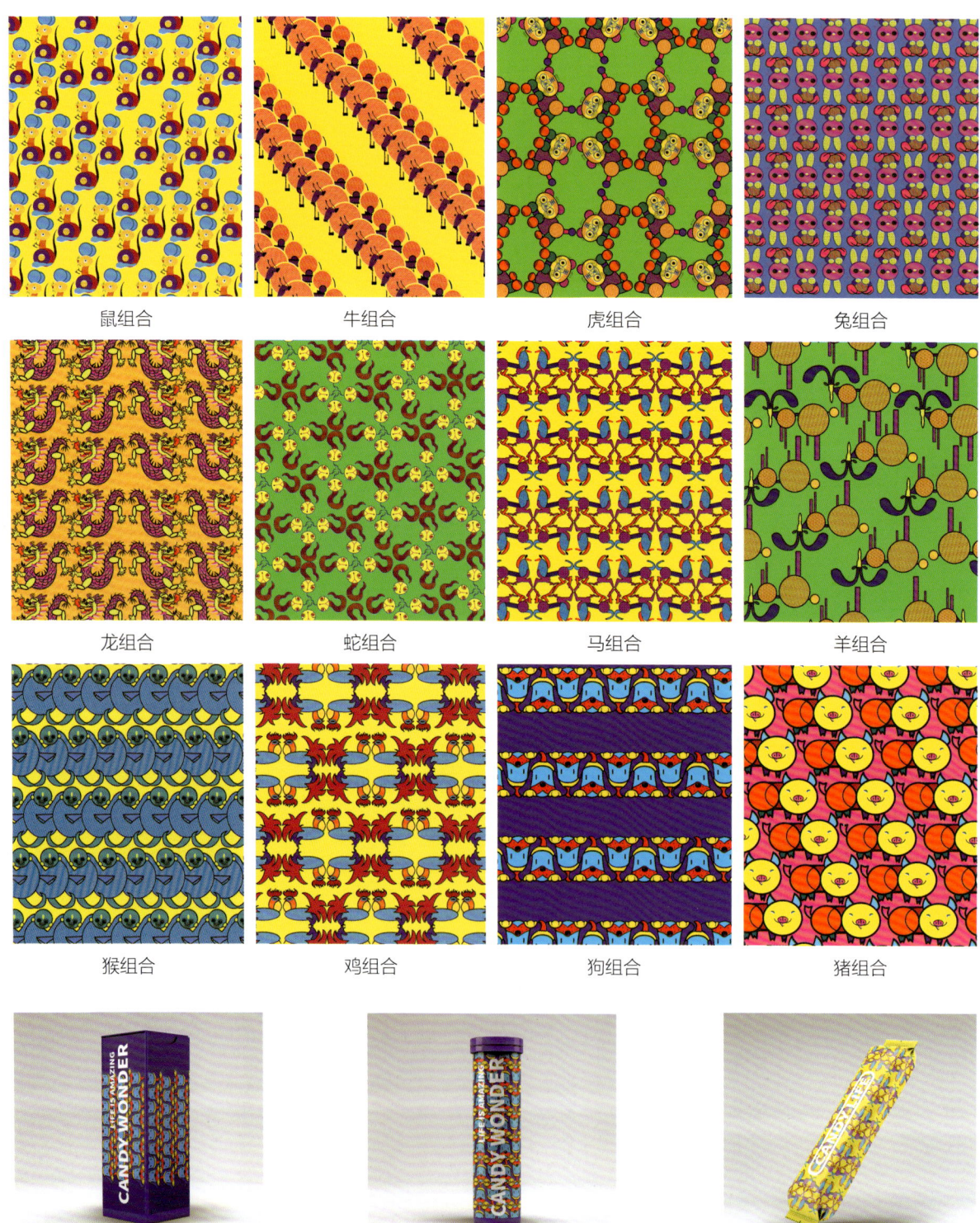

图1-1-14 波普风格十二生肖元素设计及其应用 张圣林设计,孙德波指导

图1-1-15 儒家代表人物 孔子　　图1-1-16 淮阳泥泥狗系列包装
　　　　　　　　　　　　　　　董臣涛设计，宋美音指导

国家提倡的是有中国特色的社会主义文化，这种文化无疑是主流文化。主流文化由于具有历史性民众认同，主流文化只有深深地扎根于大众文化鲜活的土壤之中，汲取民族的、大众的、科学的文化营养，才能成为文化融合、文明传承的中坚力量（如图1-1-15所示）。

2. 非主流文化

所谓的非主流文化是相对于主流文化而言的。在一定的时代、一定的范围内，在社会基础和非主流文化上层建筑领域中形成占主导地位的文化，如政治、经济、哲学、法律、科学技术、文学艺术等，是主流文化，都具有"官方"颜色，都以独立的学科存在。除此之外，还有另一种文化，存在于社会生活之中，具有"民间"色彩，通常不以书面形式展现，诸如婚姻、家庭、风俗、习惯等，就是非主流文化（如图1-1-16所示）。

三、文化元素资源的内容

文化元素资源是指带有文化元素的不同种类的资源融合在一起所形成的，文化元素资源包括自然景观资源、物质文化遗产资源、历史文化遗产资源、文学资源、民俗文化资源、宗教文化资源等；可以从这些文化元素资源入手进行文创产品的设计。

（一）自然景观资源

自然景观即天然景观，是指受到人类间接、轻微或偶尔影响而原有自然面貌未发生明显变化的景观，如极地、高山、大荒漠、大沼泽、热带雨林以及某些自然保护区等。自然景观资源是大自然的创造，自然景观资源元素应用于文创产品设计，可以借鉴自然景观中的元素运用到设计中，给设计增加一丝大自然的魅力（如图1-1-17至图1-1-20所示）。

图1-1-17 石头自然形态及参悟紫砂茶具 杨柳设计　　图1-1-18 仙人掌及仙人掌牙签盒

图1-1-19 竹林及新篁紫砂茶杯 杨柳设计　　图1-1-20 树叶及树叶状座椅

（二）物质文化遗产资源

物质文化遗产(Material cultural heritage)，又称"有形文化遗产"，即传统意义上的"文化遗产"，根据《保护世界文化和自然遗产公约》(简称《世界遗产公约》)，包括历史文物、历史建筑、人类文化遗址。利用物质文化遗产资源的元素进行文创产品设计，可以从许多文物古迹和建筑上寻找古时的印记，将这些印记运用到设计中，设计出带有远古文明韵味的产品（如图1-1-21至图1-1-26所示）。

（三）历史文化遗产资源

历史文化遗产是指具有一定历史意义，与人类生活息息相关，存在历史价值的文物，其主要包括物质文化遗产和非物质文化遗产。本文所述的历史文化资源主要是指从民间传说、寓言故事、歌谣等传统文化作品中提取的可利用的资源的总称（如图1-1-27所示）。

1. 民间传说

在中国民间传说中，故事的主人公一般有名有姓，其中有的是历史上知名的人物，事件发生有具体的时间和地点，有的还涉及国家民族的重大事件；而人物活动或事件发展的结果也常与某些历史、地理现象及社会风习相附会，因而往往给人以它是真实历史

图1-1-21 "世界八大奇迹"之一八达岭长城　烽·火加湿器　刘同帅设计，王俊涛指导

图1-1-22 "世界八大奇迹"之一秦始皇陵兵马俑　兵马俑士兵元素创意　蚂蚁帮设计

图1-1-23　罗塞塔石碑（Rosetta Stone）大英博物馆藏　罗塞塔石碑U盘

图1-1-24　商代青铜器鸮卣　山西博物馆藏　商代青铜器鸮卣立体水杯

图1-1-25　徽派建筑　徽韵台灯　李昀清设计，王俊涛指导

 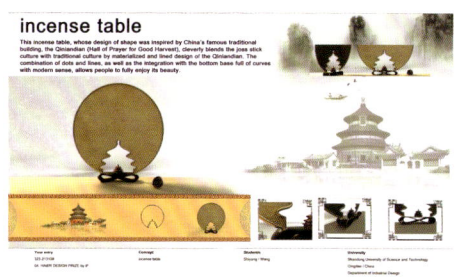

图1-1-26　天坛（incense table）王世洋设计，王俊涛指导

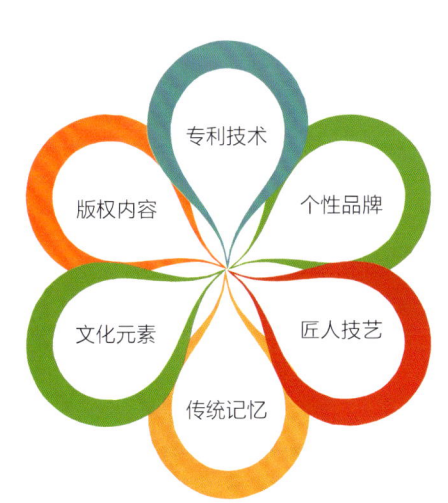 

图1-1-27　非遗文化传承与创意设计开发　　　图1-1-28　传统门神再设计及产品衍生
　　　　　　　　　　　　　　　　　　　　　　　　　杨坤设计，刘佳指导

的错觉。但民间传说与严格意义的历史有本质的区别。例如："泰山石敢当"，相传泰山脚下有一个人，姓石名敢当。此人非常勇敢，武功高强，好打抱不平，在泰山周围名气很大。关于泰山石敢当的文创产品设计，可以将泰山石敢当的形态融于文创产品的设计中，含有辟邪、保佑平安、风调雨顺的寓意。又如传统门神的再设计（如图1-1-28所示）。

2. 寓言故事

寓言故事是文学体裁的一种。含有讽喻或明显教训意义的故事。它的结构简短，多用借喻手法，使富有教训意义的主题或深刻的道理在简单的故事中体现。寓言故事的成功之处在于故事的可读性很强，无论人们的文化水准高低，都能在简练明晰的故事中悟出道理。

3. 歌谣

歌谣是人民的口头创作，最贴近生活，直接表达了人民的思想感情和意志愿望。其中原始歌谣标志着我国诗歌的起源，在文学史上有重要意义。

榆林小曲是形成并主要流行于陕北榆林地区的曲艺唱曲形式，其内容多演绎男欢女爱和儿女情

图1-1-29 "榆林小曲"真丝艺术文化围巾
榆林市创意文化发展有限公司　高秋燕设计

长，2006年入选第一批国家级非物质文化遗产名录。陕北剪纸在取材上扎根于现实生活，表现手法上生动形象、形神兼备，展现了陕北人独特的精神内涵、风格面貌，是榆林珍贵的地方文化遗产。时尚真丝艺术文化围巾——榆林小曲是公司进行跨界开发的优秀成果，它将曲艺和美术这两种非物质文化遗产高度融合在一起，将民族传统文化元素导入到平面设计中，用剪纸的形式将榆林小曲《叮当响》中反映的青年男女约会的情景表现出来，表达了青年男女对甜蜜爱情和美好生活的大胆追求，突出了浓厚的文化气息，极具榆林地方色彩（如图1-1-29所示）。

4. 历史人物形象

历史人物是指在历史上具有重大影响或其代表作品有深远影响的人。关于历史人物形象的文创产品设计，可以利用历史人物形象或者历史人物所特有的物品，将其与文创产品相融合，设计出具有传统文化特色和现代感产品。

在那些尚武的时代，"剑"是人们最常佩戴的短兵器，在历史长河中留下了诸多传奇。关于春秋最后一位霸主勾践的传奇人生可以说代代流传，而这把素有"天下第一剑"美誉的"越王勾践剑"，也曾为越王最后称霸春秋立下了不可磨灭的功劳。而在如今这个从文的时代，笔的消费群体可谓日益庞大，人们以笔代剑，各自努力书写自己的人生。金属电镀的笔杆构造，防滑易握的肌理表层，多颜色偏好设计，使冷兵器时代的侠客风流向当下墨客情怀转变（如图1-1-30所示）。

（四）文学资源

文学是指以语言文字为工具形象化地反映客观现实、表现作家心灵世界的艺术，包括诗歌、散文、小说、剧本、寓言童话等，是文化的重要表现形式，以不同的形式（称作体裁）表现内心情感再现一定时期和一定地域的社会生活。作为学科门类理解的文学包括中国语言文学、外国语言文学、新闻传播学。本文所述文学资源，就是利用这些经典巨著来进行创意设计，例如中国四大名著：《西游记》《红楼梦》《水浒传》《三国演义》。设计师可以通过对四大名著中典型人物性格元素或者书中故事情节提取来进行文创产品的设计，设计出带有鲜明人物特性或者带有故事性的产品，增加产品的趣味性，例如《西游记》师徒四人做成的紫砂茶宠。又如《考工记》《天工开物》《髹饰录》《长物志》《园冶》等，从中探求具有中国设计哲学思想的当代文创产品设计（如图1-1-31所示）。

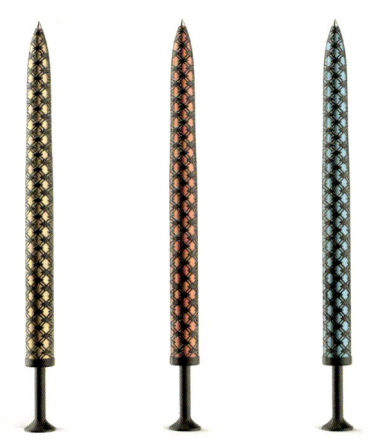

图1-1-30 "越王勾践剑"圆珠笔　孙文涛设计

图1-1-31 《西游记》主题花果山景区IP形象设计
蚂蚁帮设计

（五）民俗文化资源

民俗文化，是指民间民众的风俗生活文化的统称。也泛指一个国家、民族、地区中集居的民众所创造、共享、传承的风俗生活习惯。是在普通人民群众的生产生活过程中所形成的一系列非物质的东西。

1. 中国传统节日

中国的传统节日形式多样，内容也丰富多样，是我们中华民族悠久的历史文化的一个组成部分。传统节日的形成过程，是一个民族或国家的历史文化长期积淀凝聚的过程，传统节日从远古发展过来，从这些流传至今的节日风俗里，还可以看到古代人民社会生活的精彩画面。

①除夕

除夕，又称大年夜、除夜，是农历一年最后一天的晚上。"除夕"中"除"字的本义是"去"，引申为"易"，即交替；"夕"字的本义是"日暮"，引申为"夜晚"。因而"除夕"便含有旧岁到次夕而除，明日即另换新岁的意思。除夕夜的习俗是贴春联。春联也叫门对、春贴、对联、对子、桃符等，它以工整、对偶、简洁、精巧的文字描绘时代背景，抒发美好愿望，是我国特有的习俗。从除夕的习俗中提取元素运用到设计中，例如：贴春联，放鞭炮等，将许多传统除夕习俗融入现代文创产品中（如图1-1-32至图1-1-35所示）。

图1-1-36所示登龙碗是"灯笼碗"的谐音，选取中国喜庆节日悬挂的"大红灯笼"为创意原型，造型圆润饱满，以吉祥之意的红色、富贵荣耀的金色为主要颜色。将灯笼支撑骨架用金线表现装饰。此款设计将碗、盘、盖3种融合为一体，可以确保对某些餐品的保温作为。常见如佛跳墙、海参煲等。将碗与盘整合一体，盘子扣在碗上是盖子，翻开可以作为盘子单独使用。在节约空间的同时保证整体组合的装饰性、文化性。

图1-1-37所示骄子盘是"饺子盘"的谐音，选取中国喜庆节日悬挂的"大红灯笼"为创意原型，造型圆润饱满，以吉祥之意的红色、富贵荣耀的金色为主要颜色。造型整体为方形，四周圆角处理，源于中国古代"天圆地方"的认知，方圆结合还表达做人的道理。内部的盘面是灯笼结构性凸起，可减少饺子在盘底的接触面积，让饺子脱水更加迅速彻底，避免出现粘底情况。此外，盘面凸起好似海浪，饺子又谐音"骄子"，寓意要做时代骄子乘风破浪。

②元宵节

元宵节，又称上元节、小正月、元夕或灯节，

图1-1-32　鸡年红包设计　杨超设计　2017年

  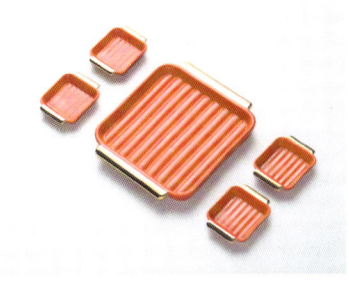

图1-1-33　中国年文创餐具包装设计，王俊涛设计　2022年　　图1-1-34　中国年文创餐具——登龙碗（灯笼碗）王俊涛设计　2022年　　图1-1-35　中国年文创餐具——骄子盘（骄子盘）王俊涛设计　2022年

图1-1-36 中国年文创餐具——登龙碗（灯笼碗）应用场景 王俊涛设计 2022年

图1-1-37 中国年文创餐具——骄子盘（骄子盘）应用场景 王俊涛设计 2022年

*《中国年文创餐具设计》为2022年王俊涛设计完成的国家艺术基金艺术人才培养资助项目《"中国年"文创创新人才培养》的成果。

是中国亦是汉字文化圈的地区和海外华人的传统节日之一。元宵节的习俗是赏灯，农历正月十五是"元宵节"，此节日民间有挂灯、打灯、观灯等习俗，故也称灯节。闹花灯是元宵节传统节日习俗。元宵节的文创产品设计，可以从元宵节的习俗中提取汤圆，各式各样的花灯等元素，融入其中，在凸显传统节日的同时，为产品加入了浓郁的文化韵味（如图1-1-38所示）。

2. 少数民族节日

中国一共有55个少数民族和1个多数民族汉族，各民族的节日丰富多彩，著名的有：傣族的泼水节、蒙古族的那达慕、傈僳族的刀杆节、彝族的火把节、藏族的酥油花灯节等。由于一些少数民族信仰伊斯兰教，所以也会出现相同的重大节日，如：古尔邦节等。目前少数民族文创产品开发成为少数民族所在地区的重要文化活动的支撑。

（六）传统文艺资源

文艺（Literature and art）即文学和艺术，有时指文学或表演艺术，是人们对生活的提炼、升华和表达。传统文艺包括舞蹈、戏剧、曲艺和歌曲等。例如：曲艺，曲艺是中华民族各种"说唱艺术"的统称，它是由民间口头文学和歌唱艺术经过长期发展演变形成的一种独特的艺术形式。利用曲艺元素一样可以设计出特色鲜明的文创产品（如图1-1-39至图1-1-41所示）。

（七）民间工艺美术资源

民间传统工艺美术是历代劳动人民为适应生活需要和审美情趣的要求，就地取材，以手工生产为主而创作制成的工艺美术品，最生动地反映了中华民族优秀文化的特征。它生动质朴、刚健、清新，饱含鲜明的民族情感和气质，具有独特的艺术技巧和强烈的艺术感染力，是华夏文化闪光的瑰宝。我国民间传统工艺美术品的品种繁多，如木雕、竹编、草编、蜡染、泥塑、剪纸、民间玩具、工艺铸件等。由于我国是幅员广阔的多民族国家，各地区、各民族社会历史、风俗习尚、地理环境、审美观点的不同，产生了丰富多彩、风格迥异的民间艺术作品。民间工艺美术资源相当丰富，值得我们去挖掘保护，例如：年画、剪纸、陶瓷、印染、刺绣、紫砂、泥塑、面塑、石玉砖雕刻、芦苇画等（如图1-1-42至图1-1-47所示）。

（八）传统纹样

传统纹样是传统文化艺术中的一种，以人物、动物、植物、日月星辰等自然现象和神话传说、民间故事等为题材，采用不同手法来绘成的图像。这些图像都蕴含一定的含义。从原始社会简单的纹样到奴隶社会简洁、粗犷的青铜器纹饰，再到封建社会精美繁复的花鸟虫鱼、飞鸟走兽、吉祥图案纹样，都凝聚着相应时期独特的艺术审美观（如图1-1-48所示）。

图1-1-38 元宵节赏花灯吃汤圆

图1-1-39 《国风——雅》
中国戏剧脸谱元素文创产品
许云雷设计

图1-1-40 脸谱元素包装设计　董锐设计，王海涛指导

图1-1-41 《鼓乐茶香——茶具设计》张进凯设计，王俊涛指导

四、文化的功能

人类由于共同生活的需要才创造出文化，文化在它所涵盖的范围内和不同的层面发挥着不同的功能和作用。

1. 整合

文化的整合功能是指它对于协调群体成员的行动所发挥的作用。社会群体中不同的成员都是独特的行动者，他们基于自己的需要、根据对情景的判断和理解采取行动。文化是他们之间沟通的中介，如果他们能够共享文化，那么他们就能够有效地沟通，消除隔阂、促成合作。

2. 导向

文化的导向功能是指文化可以为人们的行动提供方向和可供选择的方式。通过共享文化，行动者可以知道自己的何种行为在对方看来是适宜的、可以引起积极回应的，并倾向于选择有效的行动，这就是文化对行为的导向作用。

3. 维持秩序

文化是人们以往共同生活经验的积累，是人们通过比较和选择认为是合理并被普遍接受的东西。某种文化的形成和确立，就意味着某种价值观和行为规范的被认可和被遵从，这也意味着某种秩序的形成。而且只要这种文化在起作用，那么由这种文化所确立的社会秩序就会被维持下去，这就是文化维持社会秩序的功能。

4. 传续

从世代的角度看，如果文化能向新的世代流传，即下一代也认同并共享上一代的文化，那么文化就有了传续功能（如图1-1-49所示）。

图1-1-42 兔儿爷老北京民间玩具包装设计 白鹤设计，孙德波指导

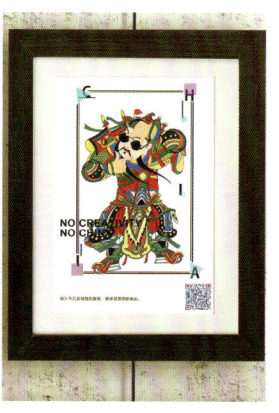
图1-1-43 年画元素再设计 刘一帆设计，刘佳指导

图1-1-44 扎染工艺与皮革拼接托特包 宋玉凤设计

图1-1-45 胶东花饽饽

图1-1-46 端溪石雕《枯木逢春》 肖长培设计

图1-1-47 《原音》紫砂蓝牙音响 高东方设计，王俊涛指导

图1-1-48 《"祥云"香台》 王新元设计，王俊涛指导

五、文化的特点

文化像许多物质的东西一样，都有自身的不同的特点，文化的特点有多样性、区域性、时限性和流动性（如图1-1-50所示）。

1. 多样性

文化的多样性，主要体现在生物的种类上面。不同的生物类型，对应的文化是不同的，具体表现为语言、食物、居住地、认知等。

2. 区域性

文化的区域性，主要体现在地理位置上面。不同的地理位置，对应的生态环境是不一样的，具体表现为温度、水源、生物的种类、土质等。

3. 时限性

文化的时限性，主要体现在时间上面。不同的时间段，生物的形态是不一样的。因此，其对应的文化是不一样的。当生物的形态、周围的环境等因素发生变化的时候，必然会造成认知、生活方式等方面的改变。

4. 流动性

文化的流动性，主要体现在生物的活动范围上面。文化能够相互传播的原因跟生物的活动有必然的联系。

六、文化对设计的引导

文化引导并改变着人们的生活方式，如此，文化对设计有一定的引导作用，设计的发展离不开文化的支持。

1. 文化与设计的关系

设计源于文化且受文化的限制，具体表现为文化的不同组成部分对设计的影响。文化也即是人类生活方式的总和，而设计的目的是"创造更合理的生存方式"，即对以往存在的修正和提高，因此设计源于文化，它需要从文化的传统中找到创造的依据；并且设计是在不同社会背景下进行的，不同的文化背景会形成不同的设计，由文化衍生出设计文化。现代设计观念是以人为本，而人是文化性动物，人类的一切特征，包括其生物特征总是与人类的文化活动相联系的。设计不仅要符合人的生理特点，也要符合人的文化属性，不能仅从符合人的生理特征的方面考虑，而忽视作为人的本质属性之一的文化因素。

简单来说，文创产品就是通过一个创意点使其增加附加价值，例如：你用拉坯工艺做了个杯子，但这不是文创产品，假如你通过创意给它穿上衣服，做出造型，有人觉得挺不错的愿意花钱买，那么它就是文创产品了。文创产品是通过你的创意让一件产品（可能是一件小物品、一道菜、一家店、一个场所等）附加上超出用户期待的价值，让其心甘情愿地接受溢价。

2. 文化对设计的影响

文化与设计的源流关系决定了设计的发展始终受文化发展的影响。文化的目标决定了设计的最终目的。现代设计理念越来越强调设计的文化内涵。文化存在形式和状态既有物质的又有精神的，这个特征使设计的本质表现为通过物的设计而体现人的精神需求。文化并不是一成不变的传统或符号，而是不断随时代发展而变化的物质和精神体系，具体体现为它的各个不同组成部分的变化与发展。在设计中体现出文化的不同组成部分的差异和相似性，产品也就自然融入了文化内涵（如图1-1-51所示）。

3. 文化的时代烙印

每个社会或时代的设计都会被打上其文化的烙印，任何社会或时代的设计物都与其文化背景相联结。通过对产品本身一些不同于其他产品的文化特征的研究可以判断它所处社会或时代的基本情况，推断出其所处社会政治、艺术、宗教等文化因素的概况（如图1-1-52所示）。

4. 文化的卖点

一种产品的出现并能够在市场上销售，首先它必须具备最基本的使用功能。产品如果要被消费者青睐，应满足更深层次需求，即能给消费者带来精神上的愉悦。消费者对某种产品的使用需求大致相同，而对它的精神需求却因人而异，这是文化差异所导致的区别。我们评价一种产品成功与否的标准往往是其被接受程度，即畅销性。从经济的角度来讲，只有商品畅销了，它才能为企业带来经济利益，企业才有资本改善产品性能，改善过的产品才能更容易为人们所接受。这样就形成了一种良性循环，有力地推动着产品的更新换代。现在的商品生产竞争激烈，在技术方面的差距不是很大，同一种技术层面的产品，真正畅销不是很多。这就引发了产品畅销背后的更深层次的文化思考！

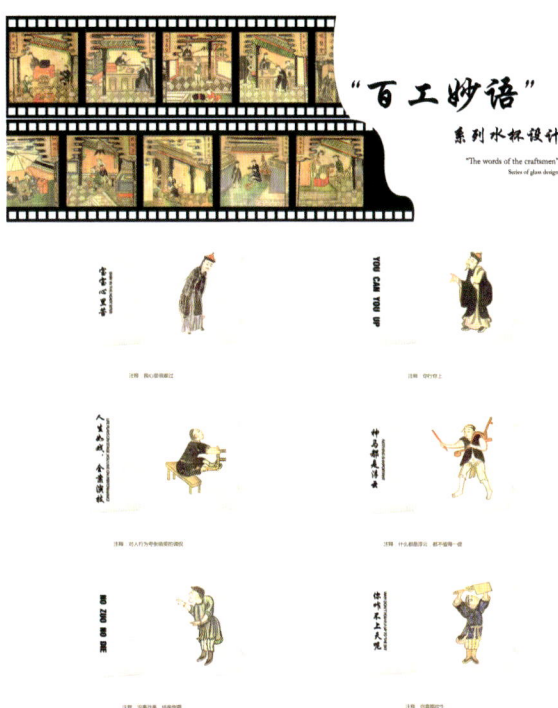

图1-1-49 《百工图创意马克杯》 孙禛禛设计，王俊涛指导

图1-1-50 文化的特点

图1-1-51 童戏牙雕根付
（日本，江户时期1603-1868）
王俊涛藏

图1-1-52 粉彩鎏金官帽壶 王俊涛作 2018年
2017年国家艺术基金《粉彩瓷绘技艺创新人才培养项目》习作

5. 文化品位及消费品位

研究表明，文化类型不同，人们的行为方式、消费心理、购物习惯也存在较大差异。文化品位和消费品位是等同的。当今是一个变革的时代，各种各样的变化最终都在消费中反映出来。消费文化和生活方式的变化是当代各种变化在消费领域的突出表现。通过对消费文化和生活方式变化的分析，认识新生活，反观时代的大变革（见表1-1-1至表1-1-3）。

表1-1-1 因季节差异形成的旅游产品差别

目的地	季节	
	夏天（6-8月）	冬天（11-次年1月）
青岛	季节特点：炎炎夏日，海风清凉。 旅游景点：栈桥、中山公园、鲁迅公园、八大关等。 旅游产品：遮阳、防晒、防蚊虫、清洁等。	季节特点：白雪皑皑，海鸥成群结队。 旅游景点：正阳关路、公主楼、栈桥（观海、喂海鸥）等。 旅游产品：登山系列装备、采摘、小憩以及承载用品等。

表1-1-2 因目的地差异形成的旅游产品差别

时间	地点	
	三亚	哈尔滨
12月	旅游产品：温暖海岛游。 旅游景点：亚龙湾、天涯海角、鹿回头风景区等。 旅游产品：防晒、遮阳、避暑、用品以及游泳装备。	旅游产品：沁凉冰雪游。 旅游景点：冰雕、太阳岛、中央大街等。 旅游产品：防寒、保暖用品以及滑雪装备。

表1-1-3 旅游过程差异形成的旅游产品差别

阶段 地点	出发前	旅途前期	旅途中期	旅途后期	旅游结束后
青岛——滨海风光	准备好适合当地气候的衣物，应对突发状况的药品和必备的食物。	从出发地点到达旅游地点期间所需要的物品，例如：食品、药品等。	智能电子产品，可供自行娱乐、休息的产品，例如：手机、ipad等。	收纳用品：分格盒子、收纳盒、密封袋等相关物品。	景区或路途中购买的旅游纪念品等产品。

第二节　文化产品

一、文化产品的概念

文化产品（Cultural Artifact），广义的文化产品是指人类创造的一切提供给社会的可见产品，既包括物质产品，也包括精神产品；狭义的文化产品专指精神产品，纯粹实用的生产工具、生活器具、能源资材等，一般不称为文化产品。

二、文化产品与产品文化

1. 产品文化的概念

产品文化是指以企业生产的产品为载体，反映企业物质及精神追求的各种文化要素的总和，是产品价值、使用价值和文化附加值的统一，又是一类消费者群体在某段时期内对某种产品所蕴涵特有个性的定位。

2. 产品文化的内容

产品文化主要包括三层内容：一是指人们对产品的理解和产品的整体形象；二是与产品文化直接相关的产品质量与质量意识；三是指产品设计中的文化因素。当消费者接触产品时，首先打动消费者的就是产品的整体形象。有时，这种整体形象会对产品的命运起着决定作用。

3. 企业品牌文化与产品文化

品牌文化是指品牌本身的文化建设，而产品文化则是指产品特性相关的文化建设。如一家丝绸企业，关于丝绸文化的挖掘和建设，这就是产品本身的文化，称之为产品文化。从二者的差异来看，产品文化建设很容易被竞争对手仿效，而品牌本身的文化建设则为企业所固有，竞争对手很难利用和模仿，只要你的品牌进行过规范的商标注册，那么品牌就受到法律的保护，品牌文化也就受到了保护。另外，产品的价值是由品牌价值和产品价值组成的，产品的价值是固定的，而只有品牌价值才是真正的附加值。而品牌价值中的品牌文化和产品文化中，品牌文化占据更大的比重（如图1-2-1所示）。

三、文化产品设计目标

融入文化的产品设计不仅要有引人注目的外观，还应该有它所特有的内涵，例如科技内涵、情感内涵和文化内涵。

1. 科技内涵

如今，科技已成为文化发展的重要催化剂——通过与各种文化资源相融合，不仅催生了很多新的文化业态，培育出了新的文化消费群体，还推动文化产业向技术密集的方向发展，创新出新的文化服务方式。科技给文化带来的变化可谓无处不在，从绚丽夺目的光电效应，到升降变换的奇特舞台，从光盘中的游戏软件到广场上的游艺器械，从日益逼真的动漫人物到日渐丰富的手机音乐，到处都有科技的身影。在信息时代，文化的发展离不开科技，科技创新通过打破传统文化类别间的固有边界，将各种文化资源与信息技术相融合。

2. 情感内涵

设计中的情感是使用者对产品是否符合自己生理、心理需要而产生的，情感化设计中对情感的英语描述有affective（喜爱）、emotion（情感）和empathic（移情），这些提法虽然各有侧重点，但共同说明一个问题：当我们与产品发生各种关系时，情感是重要的影响因素，设计中的情感尝试建立产品与使用者之间互动的情感关系，通过产品打动消费者，使消费者获得精神和心灵的愉悦和满足，同时实现产品的商业价值。

3. 文化内涵

产品文化内涵可以从核心产品文化、形式产品文化、附加产品文化三个方面来分析（如图1-2-2所示）。

①核心产品文化

产品的研发思想或理念的创意指出，就是核心产品文化的体现。核心产品文化的塑造，源自企业对消费者和用户生活的感受与严谨技术的综合，体现了产品的价值观创新，企业对消费者和用户的人

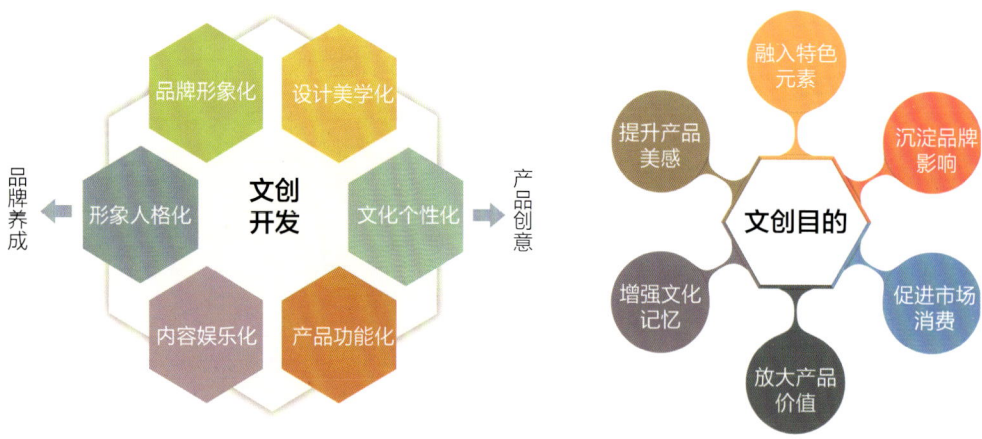

图1-2-1 文创开发的细节要求　　图1-2-2 文创开发的目的

文关怀,对社会的责任意识。

②形式产品文化

形式产品是产品在市场上出现时的具体物质形态,既包括内在的质量、功能,也包括外在的款式、包装、品牌等,核心产品只有通过形式产品才能体现出来,核心产品文化也主要是通过形式产品文化而具体演绎的。

③附加产品文化

以产品介绍、送货、安装、维修、技术培训、产品保证等为主要内容的附加产品,其实就是企业向消费者和用户出售产品实体时所提供的服务。

四、文化产品的类型

1. 按应用的领域划分

文创产品按应用的领域划分,可以概括的分为衣、食、住、行、文、娱六个方面,每个领域的文创产品都表现出不同的特点,所运用的纹样和图案也不一样。

(1)衣:"衣"主要是服饰和服饰的衍生品(例如:饰品等),通过将传统纹样或者不同的带有特殊意义的文字、图案印在服饰上来表达某种情感。

(2)食:"食"主要是通过在"食物"和"食物"的衍生品(例如:餐具、茶具等)中添加具有文化内涵的形状、文字、图案等,来表现食物的文化韵味。

(3)住:"住"是通过在"家居"和"家居"衍生品(例如:相框等)中添加图案等来表达情感。

(4)行:"行"是在"出行"和"出行"用品(例如:车载挂件等)中融入富有感情的图案、文字等,来表达人们对于出行平安的愿望。

(5)文:"文"主要是通过在"文具"的包装或者内部添加具有美好寓意的图案、文字等,体现出对使用文具的人寄予希望,希望他们努力学习,认真工作。

(6)娱:"娱"主要指用来"娱乐"和"休息"的产品,在产品中增加文化元素,增强了产品的文化性和趣味性(见表1-2-1)。

表1-2-1 文化创意产品分类

类别	内容
旅游纪念品	文化礼品、办公用品、家居饰品、土特产品(酒、茶、药材等农副产品)
动漫游戏	原创动漫、原创游戏
影视音像	DV作品、歌曲创作、影视制作、音像制作、广告贴片
传媒出版	报刊发行、图书出版、影视剧本、书稿交易、电子出版物
书画艺术	国画、书画复制品书法、水彩画、油画、古籍碑帖、明信片、邮票
工艺美术	民族工艺品、民俗用品、民间艺术品、首饰、雕塑、钱币卡、古家具、玉石器、陶瓷、刺绣、原料、金属(金、银、铜等)器件、砖雕、木雕、玻璃制品(饰件、摆件、挂件)、文物复制品、文房四宝

2. 按工艺与材料划分（见表1-2-2，图1-2-3~图1-2-6）

表1-2-2　不同材料分类、加工工艺分类表

材料	定义	分类			加工工艺
木材	木材是能够次级生长的植物，如乔木和灌木，所形成的木质化组织。木材对于人类生活起着很大的支持作用。根据木材不同的性质特征，人们将它们用于不同途径。	按树种分类	针叶树	割据加工	木材的割据是木材成型加工中用得最多的一种操作，按设计要求将尺寸较大的原木、板材或方材等，沿纵向、横向或按任一曲线进行开板、分解、开榫、锯肩、截断、下料时，都要运用割据加工。
			阔叶树		
		按木材用途和加工分类	原木	刨削加工	木材经过割锯后的表面一般较粗糙且不平整，因此必须进行刨削加工，木材经刨削加工后，可以获得尺寸和形状准确、表面平整洁净的构件。
			板枋材		
		按材质分类	软木	凿削加工	木制品构件间结合的基本形式是框架榫孔结构，因此，在木制品构件上开出榫孔的凿削，是木制品成型加工的基本操作之一。
			硬木		
		按生长方式分类	外长树	铣削加工	木材成型加工中，凸凹平台和弧面、球面等形状的加工是比较普遍的，其制作工艺比较复杂，一般是在木工铣削机床来进行的。
			内长树		
金属	金属是一种具有光泽（即对可见光强烈反射）、富有延展性、容易导电、导热的物质。	有色金属	轻有色金属	铸造	铸造是人类掌握比较早的一种金属热加工工艺，铸造是将液体金属浇铸到与零件形状相适应的铸造空腔中，待其冷却凝固后，以获得零件或毛坯的方法。
			重有色金属		
			贵有色金属	切削	利用刀具或砂轮等削去工件的一部分。
			半金属	焊接	也称作熔接、镕接，是一种以加热、高温或者高压的方式接合金属或其他热塑性材料如塑料的制造工艺及技术。
			稀有金属		
		黑金属	铁	压力加工	压力加工是利用金属在外力作用下所产生的塑性变形，来获得具有一定形状、尺寸和力学性能的原材料、毛坯或零件的生产方法，称为金属压力加工，又称金属塑性加工。
			钢		
塑料	塑料是以单体为原料，通过加聚或缩聚而成的高分子化合物(macromolecules)，俗称塑料(plastics)或树脂(resin)，可以自由改变成分及形体样式，由合成树脂及填料、增塑剂、稳定剂、润滑剂、色料等添加剂组成。	按热性能分类	热塑性塑料	注塑成型	将已加热融化的材料喷射注入到模具内，经由冷却与固化后，得到成形品。
				挤出成型	挤出成型也称挤压模型或挤塑，它是在挤出机中通过加热、加压而使物料以流动状态连续通过挤出模型的方法，中空、连续。
			热固性塑料	压制成型	压制成型主要是热固性塑料成型法的一种，先将热固性树脂预热后于开放的模穴内，闭模后施以热及压力，直到材料硬化为止。
				吹塑成型	吹塑成型是将从挤出机挤出的熔融的热塑性树脂坯料，夹入模具，然后向坯料内吹入空气，熔融的坯料在空气压力的作用下膨胀向模具型腔壁面贴合，最后冷却固化成为所需形状产品的方法。

续表

材料	定义	分类		加工工艺	
塑料	塑料是以单体为原料，通过加聚或缩聚而成的高分子化合物 (macromolecules)，俗称塑料 (plastics) 或树脂 (resin)，可以自由改变成分及形体样式，由合成树脂及填料、增塑剂、稳定剂、润滑剂、色料等添加剂组成。	按用途分类	通用塑料	热成型	所谓热成型是一种将热塑性树脂的片材加热软化，使其成为所需形状的产品的方法。
			工程塑料	延压成型	压延成型是将热塑性塑料通过一系列加热的压辊，使其在挤压和展延作用下连接成为薄膜或片材的一种成型方法。
			特种塑料	发泡成型	发泡成型方法是先将塑料颗粒预发泡，经过一定的时间熟成后，把它填入铝合金做的模具中用蒸汽加热而成型。
陶瓷	陶瓷是陶器和瓷器的总称。常见的陶瓷材料有黏土、氧化铝、高岭土等。陶瓷材料一般硬度较高，但可塑性较差。除了使用于食器、装饰上外，陶瓷在科学、技术的发展中亦扮演着重要角色。	传统陶瓷	以黏土、长石、石英等天然硅酸盐矿物为原料经粉碎，成型，焙烧等过程而制得的制品。	可塑成型	用各种不同的外力对具有可塑性的坯料进行加工，迫使坯料在外力作用下发生可塑变形而制成生坯的成型方法。
				压制成型	利用压力将坯料在模型中压成致密坯体的成型方法。
		现代陶瓷	利用纯度高的人工合成原料，使用传统陶瓷工艺方法制得的新型陶瓷。	注浆成型	注浆成型是将陶瓷悬浮料浆注入多孔质模型内，借助模型的吸水能力将料浆中的水吸出，从而在模型内形成坯体。
玻璃	玻璃是由二氧化硅和其他化学物质熔融在一起形成的（主要生产原料为：纯碱、石灰石、石英）。在熔融时形成连续网络结构，冷却过程中黏度逐渐增大并硬化致使其结晶的硅酸盐类非金属材料。	平板玻璃	平板玻璃也称白片玻璃或净片玻璃。其化学成分一般属于钠钙硅酸盐玻璃，它具有透光、透明、保温、隔声、耐磨、耐气候变化等性能。	压制法	是将熔制好的玻璃注入模型，放上模环，将冲头压入，在冲头与模环和模型之间形成制品的方法。
				吹制法	利用玻璃液的可塑性，用高压气体将玻璃液吹制成形。
				拉制法	拉制法能生产多种多样的实心和空心玻璃制品，如玻璃砖、透镜、棱镜等。
		特种玻璃	用于特殊用途的玻璃。例如：耐温耐高压玻璃、紫外线玻璃、光学玻璃、蓝色钴玻璃等。	压延法	玻璃液从熔窑尾端溢流口溢出，经溢流口唇砖流到压延机的上下压辊之间，压延辊中间通冷却水，使流经上下压辊间的玻璃液迅速冷却，由液态变成塑性状态，当玻璃从正在转动的上下压辊的间隙出来时，形成所要求厚度的玻璃板。
				浇铸法	玻璃管离心浇注法是把黏稠的玻璃管液放在快速旋转的模子底部，在离心力的作用下，玻璃管液沿模子内表面流散。
				浮法成型	浮法玻璃生产的成型过程是在通入保护气体（N_2 及 H_2）的锡槽中完成的。熔融玻璃从池窑中连续流入并漂浮在相对密度大的锡液表面上，在重力和表面张力的作用下，玻璃液在锡液面上铺开、摊平，形成上下表面平整、硬化状态、冷却后被引上过渡辊台。辊台的辊子转动，把玻璃带拉出锡槽进入退火窑，经退火、切裁，就得到浮法玻璃产品。

图1-2-4 祥云笔筒 铜 鲁普及 2012年

图1-2-5 "鸿运当头"琉璃摆饰 台湾玻璃馆

图1-2-6 陶瓷餐具 王俊涛设计

图1-2-3 故宫尺子 木材

3. 按创意点划分

文创产品设计按创意点分为造型创意、功能创意、色彩创意、结构创意和材料创意等。

（1）造型创意

文化创意产品设计在造型方面由于利用的图案、纹样的不同而产生很大差异，将不同的文化元素融入文创产品的设计中，可以使文创产品的造型有差异，并且通过造型的创意来表现不同的文化元素。

（2）功能创意

现代设计要求产品具有多功能性，文创产品不仅可以在造型上有所创意，还可以在功能方面进行创意，通过对功能的创意，可以使文创产品既是家居摆设品，又是实用产品。好的文创产品设计是将图形创意与功能创意很好地结合起来。

（3）色彩创意

文创产品设计不仅要注重功能设计和造型设计，还要注重色彩搭配，色彩的良好搭配可以让产品带给人不同的心理感受，例如红色给人的感受是温暖、热情；在色彩方面进行创意可以让文创产品更别出心裁（如图1-2-7所示）。

（4）结构创意

结构决定产品的功能，只有在结构方面进行创意，才能让产品具有多功能性。文创产品在结构方面的创意设计能够体现出产品的结构美感。所以文创产品的设计在注重功能创新之前要先注重结构的创新。

（5）材料创意

文创产品设计的涉及面非常广泛，运用的材料也各式各样，每种材料对形态的表达都是不同的。随着现代科技的不断进步，材料也在不断更新，文创产品也在不断地尝试使用新材料、新工艺；新兴材料与原有材料在同一产品中应用，效果会有很大差距；在材料方面进行创意可以让文创产品设计产生别样的视觉效果。

4. 按表现内容划分

文化创意产品的设计取材广泛，元素的原始状态不同而设计目标不同，其表现内容也包罗万象。例如：

（1）博物馆文创产品

博物馆文创产品主要以博物馆馆藏文物为原型进行设计；每个城市都有自己的博物馆，每个城市的博物馆都有自己的地方特色，根据不同博物馆馆藏设计出来的文创产品即具有不同的地方特色（如图1-2-8至图1-2-10所示）。

（2）单位节庆

文创产品的设计要符合不同的使用场合，要将

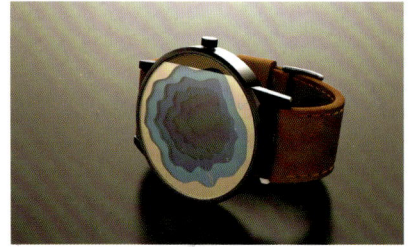

图 1-2-7　"深海"手表设计　刘同帅设计，王俊涛指导

图 1-2-8　梵蒂冈博物馆纪念品　金环袖口

图 1-2-9　故宫腕表《只此青绿千里江山图手表》

不同场合的特色融入文创产品的设计中，如学校校庆、公司成立周年庆、门店开业周年等活动都有不同的主题，这些都是文创产品设计在不同领域内的不同表现。

（3）民俗节庆

中国有许多传统节日，如春节、端午节、重阳节、中秋节等，不同的节日有不同的风俗习惯，不同地方的风俗习惯也有所不同，可以将不同节日的不同风俗习惯融入文创产品的设计当中，例如春节有长辈给晚辈红包的习俗，可以将红包这种风俗习惯的元素融入文创产品中，赋予文创产品以民族特色。

（4）祈福恭贺

中国人有许多特别的活动，像求财、求顺、求子、保平安等祈福活动，又像升职、结婚、乔迁、升学、生子等恭贺活动，将这些祈福和恭贺活动融入文创产品的设计中，可增添文创产品的文化韵味。

5. 按地理区域划分

地理区域划分可以分为几个层次，大到整个地球的五大洲划分，如：亚洲、非洲、美洲、欧洲、大洋洲；小到一个国家的一定范围，甚至局部区域的细分。

当从一个国家的国土范围考虑时，首先要把全国国土作为一个整体。把一个国家的全部国土区域按照其特点划分成几个大块，以便进行地理、气候、经济和行政管理等方面的研究和管理。根据各地的地理位置、自然和人文地理特点，可以把我国划分为四大地理区域，即北方地区、南方地区、西北地区和青藏地区。受自然环境的影响，各个地区在生产方式、生活习惯、文化传统等方面有很大差异。因而在文创产品开发时一定根据当地的实际情况来规划设计。

6. 按艺术风格划分

艺术风格就是艺术家的创造个性与艺术作品的语言、情境交互作用所呈现出的相对稳定的艺术特色，风格是艺术家创造个性成熟的标志，也是作品达到较高艺术水准的标志。风格既包括艺术家个人的风格，也包括流派风格、时代风格和民族风格等。我国古代文论如《文心雕龙》《二十四诗品》显示出对艺术风格较强概括性。

根据时代的不同，西方社会的艺术风格划分为多个种类，且渗透在建筑、绘画、家具等载体中。影响力较大的有：巴洛克风格、洛可可风格、波普风格、哥特式风格（如图1-2-11、图1-2-12所示）。

图1-2-10　埃及木乃伊造型铅笔盒　大英博物馆

图1-2-11　巴洛克风格家具

图1-2-12　波普风格单人沙发

第三节　课程的沿革和发展

一、文创产品设计产生的背景

1. 科技背景

随着科学技术的不断进步，产品的功能变得更加丰富；生产技术的高速发展，大大提高了企业的生产效率；数字化时代和互联网时代的到来，丰富了各地域之间的交流和讨论，使得文创产品的创意设计、生产加工、销售等流程变得越来越快捷。

2. 经济背景

随着社会的不断进步，人们的经济条件越来越好，对生活品质的要求也越来越高，中高消费人群的数量逐渐增加，人们对提高生活质量的心情越发迫切，促进文创产品设计的不断发展与改善，制造出符合现代人审美需求的文创产品。

3. 文化背景

随着社会的不断发展，现代设计更加注重人文关怀、注重设计文化，在追求文创产品的功能和外形的同时，更加注重文创产品所表现出来的文化意蕴，重视"以人为本"的设计理念。

4. 意识背景

随着经济、政治的不断发展，人们在满足了物质要求的前提下，文创产品的设计的意识更加突出，人们对现代设计的要求不仅要满足物质需求，还要满足人们的精神需求。所以，在物质丰富的今天，人们更加重视文创产品的设计，更加注重表达产品的文化意义。

二、沿革与发展

1. 文创设计的起源

文创产品设计是一个既古老又年轻的设计类别，不论高等教育还是中职教育，早期其实就已经有类似的专业及课程，例如玩具设计、旅游纪念品设计、礼品设计、服饰设计中的部分设计、电影和动画片的纪念品设计等。近年，随着设计专业的研究方向细分及社会需求的加大，使得"文创"成为热门词汇，文创产品设计开发也受到了重视。

2. 发展领域

文创产品的设计可以在不同的领域发展，例如：游戏、动漫、电影、博物馆、美术馆、旅游景点等；文创产品的设计与游戏、动漫、电影等不同的领域相结合，碰撞出不一样的火花。

3. 文创产品开发的层次

①硬开发：指的是艺术品的复制，这种没有使用价值的纯观赏性高仿复制品，价钱相对较高，通常只有该艺术品的超级粉丝才会购买，只能叫作衍生品。

②软开发：指的是借用一个特色文化元素生产的具有实用性的商品，如文具、服装、生活用品。这种产品价格相对较低，购买人群广泛。多数人会因为实用功能性而购买，它上面的设计纹饰只是为了好看而已。

③IP化开发：指的是把特色文化内容经过重新提炼优化，融入到卡通形象的创意塑造当中，建立一套标准的形象视觉体系，并通过大量关联创意内容进行人格化的养成，最终形成一个既承载特色文化内涵，又能开发各种衍生产品的全新特色文创品牌，从而既提升原文化内容的传播力度，又促进价值的可持续性增长。

三、发展趋势

文创产品设计，可以根据自身的特点进行发展，具有手工艺特征的类别可以传承及发扬；具有科技特征的类别可以关注并应用前沿技术；具有独立版权IP的艺术家或设计师，可与相关产业合作开发，走艺术品授权之路。因为不同产业、产品品类、经营模式等都有各自的现实情况，所以必须务实开发，既要有魄力、有胆量；更要有科学的分析与系统的规划（如图1-3-1所示）。

四、文化产品的设计方法

1. 传统文化现代化、文化的再设计

以儒家思想为主体的中国传统文化在古代社会创造了辉煌灿烂的历史，对古代中国经济和社会发展做出了巨大的贡献。在传统文化的引领下，古代中国的经济、社会发展各方面均居于领先地位。然而，近代中国落后的封建主义生产方式，在经济、社会发展各方面都落后于西方各国，甚至落到被动挨打的地步。马克思主义认为，经济基础决定上层建筑，上层建筑对经济基础有能动作用。文化对于经济和社会的发展有巨大的能动作用，适应社会发展的文化能够促进社会的进步，相反，则会阻碍社会和经济的发展。在中国社会发展过程中，中国传统文化是中国文化的主流，对社会发展影响最大，直到现在，部分传统思想仍然影响着现代中国的发展。在进行社会主义现代化建设的今天，分析中国传统文化与现代化的关系，实现传统文化与现代化的协调发展有着重要的意义。

现代化是一个综合的社会范畴，包括经济、政治、思想、生活方式、人的现代化等在内的总体概念，其中当然也包括着传统文化的现代化。因此，二者既有矛盾的一面，也有统一的一面。实际上，每一个民族文化的发展都有对传统文化"吐故纳新"的过程，都必须在更新自己文化传统的基础上才能实现，抛弃了传统文化，就不可能有文化的发展。而现代化作为一个社会发展的总体性运动，它不能脱离该社会的文化背景和文化依托，是在自己的民族文化发展的基础上走向现代化之路的。可见，伴随着社会现代化的运动，传统文化也必然走向现代化，这二者是一致的。

任何一个国家的现代化都离不开本国的传统文化，因为没有任何一个国家能够抛开实际存在的本国国情而开始现代化，而且传统文化作为一种民族内聚力，正是一个国家进行现代化的有力保证，只有正确对待本国的传统文化，发掘并继承其优秀的精华，才能实现以文化为根基的现代化。传统文化与现代化既统一又矛盾，不能将二者割裂来看，要实现文化的现代化，要将传统文化取其精华去其糟粕地融会贯通于现代文化中；不仅要将传统文化融于现代文化中，还应该对文化进行再设计，设计出符合现代社会的、具有时代感的、特有的产品（如图1-3-2所示）。

2. 文化的系统设计

文化是人的活动，它从不停止在历史或自然过程所给定的东西上，而是坚持寻求增进，变化和改革，它不是单纯地问事物是怎样的，而是问应该是怎样的。以这种方式，文化能够确立超出实际状况的规范（超越性），而突破自然过程中或历史过程中所产生的确定条件（固定性）。综合政策和制度，文化的系统设计应该以物质文化为切入点，以精神文化为内核，以制度文化为抓手，以行为文化为落脚

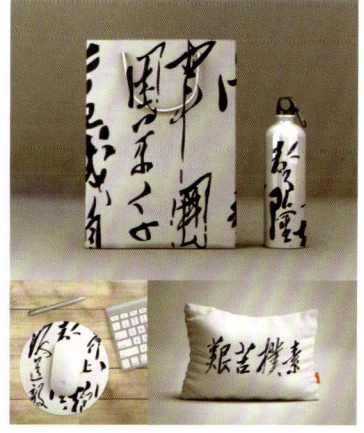

图1-3-1　文创开发的行业瓶颈　　　　图1-3-2　书法元素文创设计　王俊涛设计，曲响臻制作　2016年

点。文化的系统设计不应该只局限于物质文化，而应该将传统文化，精神文化，制度文化和行为文化结合起来进行系统化的设计。

3. 原生文化元素设计

同质化、趋同化是制约旅游纪念品市场进一步发展的因素，我们认为现代设计应该与多方面因素相结合，当地的历史文化、文学艺术和自然风光等孕育了不同的设计，在设计中也相应地融入了这些原生文化元素。现代设计的任务就是要对尘封于历史和散布于民间的大量原生文化资源用现代人的思想，审美观念和设计方法加以发掘，努力将物质的和非物质文化遗产融于当代人的生活，物化为有形的，具有艺术审美意义的旅游纪念品，从而创造社会文化与经济价值。设计中融入文化内涵的过程，是一个把无形的设计思想凝聚在有形的产品中的过程。

原生态元素本身积淀于千百年的文化中，只要进行艺术处理，强化本身的文化特征，就可以打动人。一个民族、地区的非物质文化遗产，往往蕴藏着该民族的传统文化，保留着形成该民族文化的原生状态，以及该民族特有的思维方式，成为情感凝聚力。每个民族都有不同的文化，有不同的民族精神和设计风格，它们都以自己的民族特色艺术成为多元化文化的一部分，现在应该对原生态元素进行选取和相应的设计提升，使之便于收藏、留念。

新石器时代彩陶的装饰图案中，鱼纹、鸟纹、蛙纹随处可见，代表着原始社会人的图腾崇拜，也是他们的精神寄托。鱼纹是远古先人最常用的彩陶装饰图案，通过不断的创造和演变，最终呈现出抽象的几何纹饰，有点后现代主义的风格，但它的象征意义却不曾削弱。《庄子·外物》有"得意而忘言"，魏晋时的王弼在《周易略例·明象》中引申为"得意在忘象"。似鱼非鱼，给人以无限的想象空间。如图1-3-3所示：以三角鱼纹为基础，用点线面的设计手法，以二方连续的构图形式，组成图案。因"鱼"与"余"谐音，寓意"年年有余"，承载着美好的愿景及祝福。

4. 抽象精神的具象化

在物质文明高度发达的今天，对于产品的要求不仅仅停留在对产品的基本功能的需求上，而是上升到一种心理、精神等附加价值的取向上，特别是在后现代主义宣扬文化及其差异性、开放性、变异性的影响下，世界变得多元而又复杂，为了满足个体的需求，于是各种设计风格如雨后春笋，例如绿色设计、趣味设计、非物质设计等；现代设计要更多地考虑到产生情感功能和人文价值，使人们以习惯的形象去感受客观事物，在抽象的状态中去寻找形象的东西。具象的产品设计，以其独有的产品设计语意，生动的形象性，准确的概括性，使消费者印象深刻，因此具象设计在设计领域有它独特的研究价值。现代产品设计具有自己所特有的抽象精神和寓意，而将隐含的寓意表现出来的过程就是抽象精神的具象化，将产品的抽象精神具象化，可以将产品的寓意更好地体现出来（如图1-3-4所示）。

5. 生活方式的锤炼

生活方式的锤炼实质就是社会或者人文环境因

素对产品设计的影响。环境提供了一系列社会和文化的准则，这些准则是关于一系列的"情景设定"，于是行为和环境共同构成了一个框架，这个框架决定了行为在什么意义和范围内产生，从而也就决定了产品设计的方向。产品在从设计到使用的整个生命周期中，都要受到政治、经济、文化、科技、宗教等社会因素的影响与制约。这些社会宏观系统的构成因素以强大的社会影响力和渗透力引导着产品设计的方向。社会构成出现任何人的导向和变化，都会给产品设计带来直接或间接的影响。

产品设计中的造型、结构、材质、功能组合、操作控制方式的表现，与社会微观因素直接相关。社会微观系统的构成决定着产品设计的构成元素的具体情况，产品的构成取决于各个因素的具体条件和要求。产品设计受人文和社会环境的影响，人文和社会环境可以改变人们生活方式，而生活方式也反作用于环境，二者相互促进，相互制约；好的产品设计必须要经过生活方式的锤炼（如图1-3-5所示）。

6．图形纹样的立体化

产品设计中产品上的纹样不能仅局限于平面，应该将图形纹样立体化，使表达出的纹样更加丰富，生动。对色彩尽量化繁为简，化贫乏单调为生动活泼，充分发挥作者的艺术想象力和创造力，利用不同深浅的颜色色阶进行推移，使其在明度、纯度上拉开层次，拓展图案的立体空间，丰富画面并使作品的色彩效果更加理想化。这种利用具象空间导向性以及视觉空间延续性的"平面立体化"表现手法，可以使平面线条和块面进行完美的转换和层级交叠，很好地将二维的作品展示在三维视觉空间中，表现力丰富，变化多样，意境深远，耐人寻味，设计空间也因此得到了无限的拓展和延伸（如图1-3-6所示）。

7．器物结构的提取

器物是指各种用具的总称；在文创产品设计中，不仅要将图形纹样融入到设计中，还可以将各种器物的不同形态和结构融入设计中，能够体现出文创产品的构成美和严谨性；不同用具的结构有自己独具的特点，在将器物结构融于产品设计中时，应该注意把握每种用具所独有的特点，使其具有物体识别性。将器物的结构融于文创产品的设计中，丰富了文创产品的外观图形纹样，可以体现出设计的结构美感，增加文创产品的趣味性和块面感（如图1-3-7所示）。

8．传统材料的现代化

传统材料，所谓材料，是指人类用来制作有用物件的物质。材料是人类生存和发展的物质基础，是人类社会文明的重要支柱。新材料则是指最近发

图1-3-3　"年年有余"餐具　曹小兰设计　　　　　　　　　　图1-3-4　藕镇纸对　鲁普及　2013年作

图1-3-5　礼乐编钟　礼乐系列冰酒器　王俊涛设计　2015年　　图1-3-6　归一盘　鲁普及　2013年作

图1-3-7 青铜觚 醉美——草坪灯设计 王新元设计 王俊涛指导

图1-3-8 天地名片座 鲁普及 2013年

展或正在发展之中的具有比传统材料更为优异的性能的一类材料。材料科学技术的每一次重大突破，都会引起生产技术的革命，极大加速社会发展的进程。现代设计讲求绿色、环保、节能、低耗，导致传统材料在许多设计领域的应用变得越来越少，这就要求传统材料要不断优化升级，为现代设计所用。传统材料大多为高耗能、低效率，这恰恰违背了现代设计的主旨，所以，对于传统材料，要做到取其精华，去其糟粕，要不断地改良和升级（如图1-3-8所示）。

第四节 课程的设计原则和评价标准

一、课程的设计原则

根据设计师职业素养、主要能力、辅助能力和通用能力的基本要求。本着学以致用的目标，力求读者在学习过程中思路开阔，并能有针对性地寻找到设计突破点，特别列举了"衣""食""住""行""文""娱"6个项目，并选择了不同品类、材料的产品进行设计。

二、评价标准

文创产品评价标准有以下五个方面：

①技术创新：技术创新包括功能创新和材料应用创新；

②结构造型：结构造型包括结构创新和外观创新；

③创意表达：创意表达包括产品体系和版面展示；

④符合市场：符合市场包括节能环保和其他；

⑤文化传承：准确化、艺术化的表达、演绎文化元素及精神（见表1-4-1）。

表1-4-1 常见文创产品分类

品类	内容
服饰周边	帽子、方巾、首饰、鞋子、箱包、发饰、披肩、手帕、手镯、护腕、花环、簪子、围巾
办公用品	笔、尺子、砚台、本子、笔筒、钢笔、文件夹、订书机
娱乐用品	风铃、手办、玩具、面具、喇叭、积木、拼图、扑克牌、皮影、旗子、小人书、沙漏、纪念册、纹身贴、画册、文化石头、自拍杆

续表

品类	内容
餐具	刀具、餐具、茶具、筷子托、烛台、筷子筒
学习用品	眼镜盒、画册、笔袋、隐形眼镜盒、曲别针、订书机、文件夹、钢笔、橡皮、小人书、眼镜、优盘、耳机、书立、毛笔、本子、笔筒、便利贴、书签、尺子、笔
卫生用品	皂盒、梳子、毛巾、防尘垫、手工皂、洗衣粉、卫生纸、湿巾、口罩、拖把、扫帚、手套、化妆棉
茶具	茶壶、茶船、茶盅、茶杯、闻香杯、杯托、盖置、大茶杯、冲泡盅、桌布、泡茶巾、茶盘、茶巾盘、奉茶盘、茶匙、茶荷、茶针、茶箸、茶筒、茶食盘、计时器、消毒柜、备水器、备茶器、盛运器、泡茶席
酒具	酒杯、酒瓶、酒壶、温酒器、行酒令工具
生活用品	小风扇、指甲刀套盒、卡套、零食罐、垃圾桶、棉被、耳机、防滑垫、香炉、开瓶器、U形枕、手工皂、夹子、雨衣、闹钟、音响、手机壳、刘海夹、包装盒、环保袋、牙签、化妆工具套装、蜡烛、抽纸盒、烟灰缸、插排、行李牌、气球、烛台、手电筒、挖耳勺、伞、香水瓶、开关防脏垫、香包、相框、表、钱包、牙签盒、亚克力灯、小镜子、打火机、日历、冰箱磁铁、折叠凳、窗帘、充电宝、沙漏、衣架、铲勺、香皂盒、自拍杆、指南针、装饰画、刮胡刀
体育用品	登山杆、护腕、运动水壶、运动器材、运动手环、运动鞋、运动服、球类、泳衣、泳镜、泳帽、脚蹼、A字板、鼻夹、耳塞
户外	帐篷、手杖、睡袋、户外照明灯、炊具、户外净水器
服饰	围裙、帽子、方巾、手套、腰带扣、袜子、梳子、腰带、手帕、手镯、围巾、鞋子、毛巾、胸针、披肩、花环

第二章
设计与实训

2

第一节 项目训练 ——衣

一、课程概述

1. 课程内容

自古以来,"衣"一直是我们生活中最重视的必需品之一,在人类社会中无处不在、无时不有,排在"衣食住行"四个基本需求之首。传统上将服饰设计归属于工艺美术范畴,是实用性和艺术性相结合的一种艺术形式。现代根据学科的细分,服装设计是艺术类设计学科中的一个专业。而本章节的内容主要针对在"衣"的大概念设计中具有代表性的"形""色""质""神"四个方面的分析并进行深入探索与实践,进一步解读设计者对服饰的设计、大众对服饰的审美与时尚以及"衣"元素的文创产品设计思考。

(1)锻炼表达设计构思的能力(绘画);

(2)了解在"衣"设计中的重心、方法;

(3)运用造型、颜色、材质、所表达的气质等手法;

(4)实现在设计构思上的手段(结构与工艺)(如图2-1-1所示)。

2. 训练目的

随着科学和文明的进步,时代与社会的发展,"衣"不再仅是单一的人体装饰物品,也越来越以艺术文化的形式呈现多元化。"衣"的设计不仅具有一般实用艺术的共性,而且在内容、形式以及表达手段上更具有自身的特性。它不仅仅满足个人需求,同时需要兼顾社会的、经济的、技术的、情感的、审美的需要。由于这些需要本身存在一定的矛盾,所以服饰文化设计本身也包含了各种需要之间的协调与对立关系。我们在进行服饰设计训练时,应着重以下目的:

①传统思路

探索不同的服饰造型设计所带来的文化创意设计体验,训练和培养在服饰及其周边衍生品等方面设计创新的能力,拓展设计思维与创意设计的新途径。创造美并由此引导设计创意的联想,通过拓展

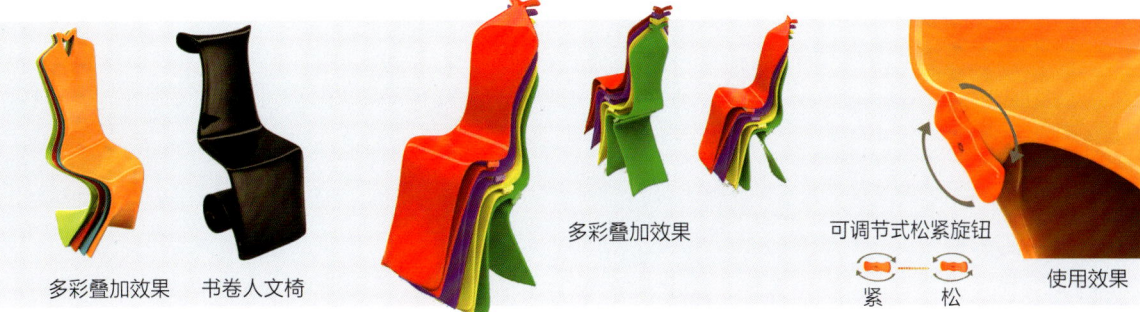

图2-1-1 "霓裳椅"系列设计 王俊涛 2012年

设计将创作灵感延伸为更多风格或富含更多服饰元素的周边衍生品设计。从艺术设计的角度认识、掌握服装设计的创意文化,最后达到能独立构思,运用多种表达方式和设计手法设计出不同性别、年龄,不同造型、功能且能为市场与消费者所接受的服饰文化。

②拓展思路

在"衣"基本概念范畴的基础上,在设计实践中去发现"衣"元素的美、探究以"衣"为创意启发"原点"的发散性设计思路,抽离出"衣"概念中的造型、色彩、花纹、材质、工艺、社会文化、传统风俗等元素,与相关产品进行"跨界""嫁接"组合、再设计,力求设计出具有"衣"元素、符合时代流行趋势、适应时代审美,甚至引导时尚潮流、传播人类优秀传统文化的文创产品。

3. 重点和难点

本课程的教学重点在于学会辨析服装中不同的特质在服饰中起到的作用并提升分析服饰的能力,能够感受对设计的理解。难点在于让学生在实践过程中体会,使得不同的设计手法带给服饰不同的表现。

4. 作业要求

我国是一个具有悠久文明史的、统一的、疆域广阔的多民族国家,富有民族色彩的元素总是充满了灵性,为服装设计不断注入特色与活力。将少数民族元素的独特性运用到现代服装设计中不仅可以弘扬我们的民族文化,更能增添设计元素、丰富现代设计。请以任意少数民族元素为灵感来源设计一款服饰类文化创意产品,使其符合现代流行趋势且具有较强实用功能,并配设计构思说明。设计构思内容需包括:

(1)设计灵感来源,设计的产品;

(2)造型、色彩、材质等各种要素的具体方案;

(3)设计理念、所要表达的思想。

以PPT形式上台宣讲分享产品设计过程及成果,汇报分享产品报告书打印纸质版形式提交最终作业。

5. 时间要求

课时建议6课时,其中:主讲理论2课时、安排设计主题,课下搜集资料及设计思路。设计草图讨论、修订细化2课时,课下完成课题PPT(调研报告、设计思路、设计过程、设计成果展示)。最终设计作品汇报分享、评述2课时。

二、设计案例

本节就国内外服饰设计案例进行分析与介绍,从服饰产品本身延伸到具有服饰元素的其他产品,帮助学生了解和学习设计关键元素从而引发设计灵感。

(一)服饰及其周边衍生品设计作品

1. 礼服类

礼服是以裙装为基本款式特征,在某些重大场合上穿着的庄重而且正式的服装,在服装设计中占重要地位。通过面料质感色彩造型以及装饰手法等等丰富的设计元素使其逐渐成为女性永远的追逐焦点(如图2-1-2、图2-1-3所示)。

2. 休闲类

休闲类服装是在现代快节奏的生活中,人们所追求的轻松自然的生活方式在服装上的体现。如今休闲服装已演变为人们穿着服装中的一大类型,有着不同的年龄层、不同性别的消费群体,并形成了各类休闲服装风格且注入了时尚的设计元素,使其呈现多样化的发展。

陕北腰鼓剪纸风格羊毛毡包,在设计理念上将榆林剪纸、陕北腰鼓、羊文化进行跨界融合。其主料为毛毡材质,具有防水、保暖、疏松缓冲等特点。它既时尚又实用,而且具有可回收性,非常环保,羊毛+剪纸+腰鼓+手提包的创意得到社会各界一致认可(如图2-1-4所示)。

扎辫子时想戴帽子时突然发现头发挡着没办法戴,怎么办?设计师Yujin Kim设计了带拉链的帽子,轻松解决难题(如图2-1-5所示)。

3. 个性化

个性化设计即非一般大众化的东西,在一般服饰的基础上增加独特、另类、拥有自己特质的需要,打造一种与众不同的效果,现代越来越多的年轻人追求个性化的服装,借此张扬个性、表达人生态度(如图2-1-6至图2-1-8所示)。

出门当然少不了背包,这款来自匈牙利首都的Leafling Bags工作室的背包设计足以让你眼前一

图2-1-2　南京城墙"四季传城"真丝系列产品　江苏瀚港文化发展有限公司

图2-1-3　"荞麦花开"真丝艺术文化围巾　榆林市创意文化发展有限公司　高秋燕设计

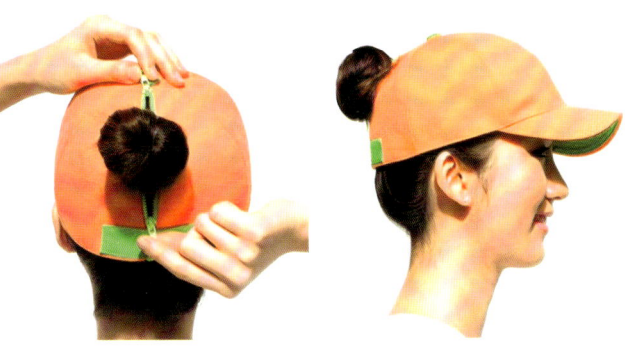

图2-1-4　陕北腰鼓风格羊毛毡包　榆林市创意
　　　　　文化发展有限公司　高秋燕设计
　　　　　2016年　G20峰会妇女大会纪念品

图2-1-5　带拉链的帽子　Yujin Kim设计

图2-1-6　刺绣背包　Grav Grav工作室设计（土耳其）

图2-1-7　阿迪达斯Jacquard Pack系列鞋服

图2-1-8　3D超写实创意T恤　品牌：The Mountain（美国）

图2-1-9　自然元素双肩包　Gabriella设计（匈牙利）

图2-1-10　折纸手包　paperlux设计工作室（德国）

图2-1-11　扎染手工包系列　宋玉凤设计

亮。炎炎夏日，带上这款叶子包出门，虽然没有奢华尊贵的感觉，但是却可以带来久违的自然清新，背上背包，仿佛背上了整片森林（如图2-1-9、图2-1-10所示）。

4. DIY定制类

DIY定制泛指自己设计、自己动手裁剪并制成的产品，没有专业资质的限制，每个人都可以利用DIY做出一份专门表达自我的"产品"来。其技术难度相对于其他手工制作要高，是最近几年才开始流行的门类。在服装设计中具有自己的独特魅力（如图2-1-11所示）。

这套纸质饰品由轻而不易破裂的特殊纸制作而成，有着纤细而华丽的设计，不惧汗水与雨水，可重复使用。不使用任何金属，即使对金属过敏的人也可以安心佩戴（如图2-1-12所示）。

（二）服饰元素的文创设计（扩展思路）

现如今产品设计已经不仅局限于功能性，其造

图2-1-12　纸质饰品　品牌：a paper

图2-1-13　连着帽子的椅子
BRDA设计（瑞典）

图2-1-14　牛角扣木柜设计

图2-1-15　组合Wis家具设计 Anna Irinarchos
和 Lisa Widén设计（瑞典）

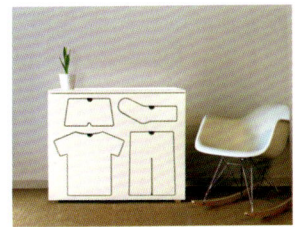

图2-1-16　Training Dresser分类衣橱　Peter Bristol设计（美国）

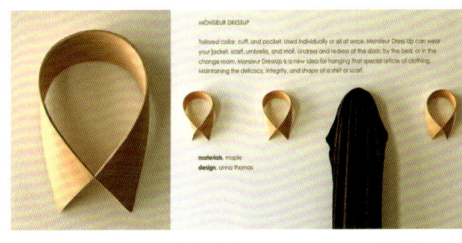

图2-1-17　衣领衣架　Loyal Loot设计

图2-1-18　穿衣服的家具-Kamkam设计工作室（韩国）

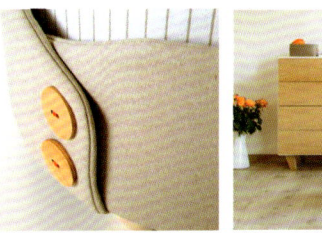

图2-1-19　舒适家用座椅　品牌：Formabilio（意大利）

型装饰元素也越来越吸引人眼球。在了解过服饰设计元素的基本知识点后，我们应学会把其加以运用和升华，使带有服饰符号的元素融入其他产品中，使其锦上添花。

1. 家具

家具是人类维持正常生活、从事生产实践和开展社会活动必不可少的产品，将服饰元素融入其中不仅可以给产品带来一种亲切感，更会使得产品妙趣横生、富有设计感（如图2-1-13至图2-1-19所示）。

2. 玩偶

随着现代产品不断地发展更新，玩偶产品也紧跟潮流，其玩偶的造型设计也越发考究，在很多玩偶设计中，身着的服饰成了产品造型的一大亮点和卖点。不同的服饰为其基本造型加分不少，甚至在玩偶的服装面料和剪裁设计上都很下功夫。

《大展红兔&钱兔似金》是王俊涛完成的中国传

图2-1-20 《大展红兔&钱兔似金》 王俊涛 2022年设计

图2-1-21 动物毛毡摆件 woonya设计（日本）

图2-1-22 黄马褂摆件

图2-1-23 创意印花木马摆件 品牌：LIMlife（中国）

图2-1-24 创意服装摆件

图2-1-25 厨师帽防热套 八幡化成设计（日本）

图2-1-26 衣扣造型的挂钩

统十二生肖文化元素中"兔"的当代设计。"大展红兔"是"大展宏图"的谐音，该造型圆润饱满，简洁概括，特别是耳朵造型舒展，选择喜庆的红色为"宏"的谐音，寓意事业红红火火。"钱兔似金"是"前途似锦"的谐音，选择金色为"锦"的谐音，寓意财源滚滚"钱途似金"（如图2-1-20所示）。

3. 居家摆件

"装修不足，装饰来补""轻装修、重装饰"逐渐成为现代家装的重要理念。各种摆件形态各异、精致小巧，是居家不能缺少的元素之一。在家居设计上融合服饰元素，不仅可以起到摆件本身的装饰作用，还将其中的服饰文化巧妙地加以表达，成为一道亮丽的风景线（如图2-1-21至图2-1-24所示）。

4. 生活用品

生活用品即实际生活中经常用到的产品，这些产品是我们随处可见的，在这些产品中加以服饰元素可以使服饰文化得到最大化的体现和弘扬，在使用产品本身还可以接触到美妙的服饰元素，实乃一举多得（如图2-1-25至图2-1-30所示）。

5. 电子产品及周边

电子产品是以电能为工作基础的相关产品，现今已经越来越被广泛地应用。在其功能的选择基础上，造型逐渐成为吸引消费者的最大因素。结合了服饰元素的电子产品不显得呆板，而增添了几分生趣，引发消费者的购买欲与使用欲（如图2-1-31至图2-1-33所示）。

图2-1-27 手套冰块夹 品牌：Fred&Friends（美国）　　图2-1-28 妙趣咖啡杯套 Re, play 设计工作室（韩国）

图2-1-29 博士杯 王俊涛 2012年

图2-1-30 儿童床上用品 品牌：Cuckooland

宋玉凤 扎染作品图

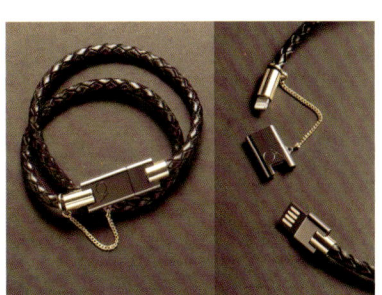

图2-1-31 手环式iPhone 数据线（美国）　　图2-1-32 扎染手机壳 宋玉凤设计　　图2-1-33 仿衣领设计的相机背带 fu-bi公司设计（日本）

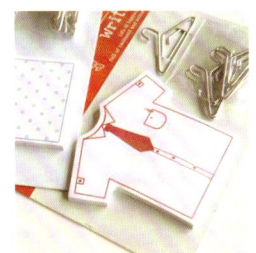
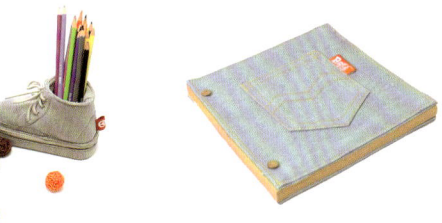

图2-1-34 衣服造型的便利贴　　图2-1-35 鞋子造型的笔袋　　图2-1-36 牛仔裤包皮的笔记本

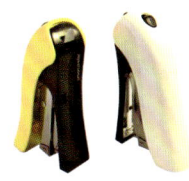

图2-1-37 "姿态"高跟鞋订书机 urban prefer设计（中国台湾）　　图2-1-38 拉链造型的书签 Shahar Peleg设计（以色列）

6. 文具

文具自古就有，中国古代文具主要是笔、墨、纸、砚等文化用品的总称，现代文具的内容更加丰富，包括学生文具以及办公文具、礼品文具等。在文具设计中，服饰元素运用得相对较少，但是表现效果很好，在一定程度上可以激发使用者的学习乐趣（如图2-1-34至图2-1-38所示）。

三、知识点

1. 衣之——"形"

"形"包括服装款式形式、服饰造型与图案设计,这是服饰设计的核心。服装的造型可分为外造型和内造型;其外造型主要是指服装的轮廓造型;内造型指服装内部款式,是设计变化的基础。造型给人以服饰的第一感觉:或大或小,或棱角分明或曲线有致。图案即是服饰纹样,按形式美规律构成的某种或拟形或变形、或对称或均衡、或单独或组合的具有一定程式和秩序感的图形纹样或表面装饰。

服饰中的图形创意要通过一定的艺术手法,运用形式美规律、法则,通过构思、布局、造型等提炼出具有一定表现力与装饰性,并适用于服饰的形而设计。没变化的形是不存在的,没有变化就没有生命力。形本身是人们求美、求变化的产物,而各种形式要素结合在一起就会构成丰富多变的整体。将点、线、面等造型元素和基本原理合理地运用才能达到形与整体的完美统一,设计出具有个性化的、新潮的、丰富多彩的、具有当代特点的形来满足消费者对美的追求。

2. 衣之——"色"

"色"即色彩表现。科学研究指出,人对色的敏感度远远超过对形的敏感度,因此色彩表现在服装设计中的地位是至关重要的。虽然人们对色彩的反应强烈,但对色彩的感受并非所见略同。因此在服装设计中,对于色彩的选择与搭配要充分考虑到不同对象的年龄、性格、气质等相关因素,还要考虑在不同的社会、经济、文化、风俗和生活习惯等影响下人们不同的情感反映。同时,同样的色彩搭配在不同服饰类别中的运用也各有千秋。因此,服装的色彩设计应该是有针对性的定位设计。

例如在服饰设计中,色彩搭配组合的形式直接关系到服装整体风格的塑造。设计师可以采用纯度较高的颜色来表达热情外向的感觉,也可通过彩度较低的颜色来体现典雅质朴的格调。服装色彩的合理运用既是服装设计师的追求,又为服装设计注入了新的活力、为设计师提供了广阔的发展空间(如图2-1-40所示)。

在服装设计中最常用的配色方法有:同类色配

图2-1-39 不同的造型设计带来的视觉差异,白纸剪裁系列,Bea Szenfeld设计

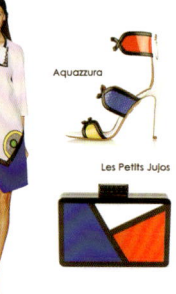

图2-1-40 不同品牌风格元素的设计带来的视觉差异

合、临近色配合、对比色配合、互补色配合、中差色配合等（如图2-1-41、图2-1-42所示）。

3. 衣之——"质"

"质"主要讲衣服的材质。服饰设计要取得良好的效果，必须充分发挥材质的性能和特色，使其与服装造型、风格完美结合，相得益彰。因此了解不同材质的外观和性能的基本知识，如肌理、织纹、图案、塑形性、悬垂性以及保暖性等等，是做好服饰设计的基本前提。虽然在现代服装产业中，优良的材质已经不是唯一的竞争优势，但创新性、新颖性和独特性的实现依然依赖于材质的固有性质。

简单地说，材质表达出的自身性能是设计师进行利用的重要参考。例如，在特殊的晚会场合所穿着的晚礼服，必须采用华贵奢侈的材质进行设计，才能够彰显出穿者的身份。而在繁忙的工作车间，工人所穿的工作服必须具有耐脏、耐磨的特点，则符合长期劳动所具备的舒适性、吸汗性等。

同时，材质的特点在一定程度上会限制服装设计的表达。一种材质可以满足的表达手法有限，如果材质本身的局限性较强，服装设计的工作就很难完成。这种情况也称之为"材质表达的有限性"。而不同材质代表的服饰风格也不尽相同，如蕾丝材质代表了温柔妩媚，牛仔材质代表了休闲舒适等。这就要求我们在以材质为创作基础的服饰设计中，提高材质在服装设计中的关注度，发挥更好的创新性（如图2-1-43所示）。

4. 衣之——"神"

"神"是指服饰的气质与风格。不同的服饰给人以不同的感觉，例如旗袍给人以温婉恬静之感，西装给人以稳重干练之感，运动服给人以朝气蓬勃之感……服饰本身所属的气质风格已经默然在我们的心中留下定式，并且随着社会文明的不断发展，人们越发了解到服饰设计对人物形象塑造的重要性，特别是在日常的穿着打扮中，人们往往将服饰当作一种装饰符号，向外界传递每个人的自我信息。

人们在第一次相见时，彼此往往会通过服饰的特点来确定寒暄与交谈的内容范围，并且以服饰给对方留下一定的印象。不仅如此，我们每个人的服饰还要配合我们是在正式场合，还是日常家居等环境。此外，不同风格、不同地域、不同职业的服饰

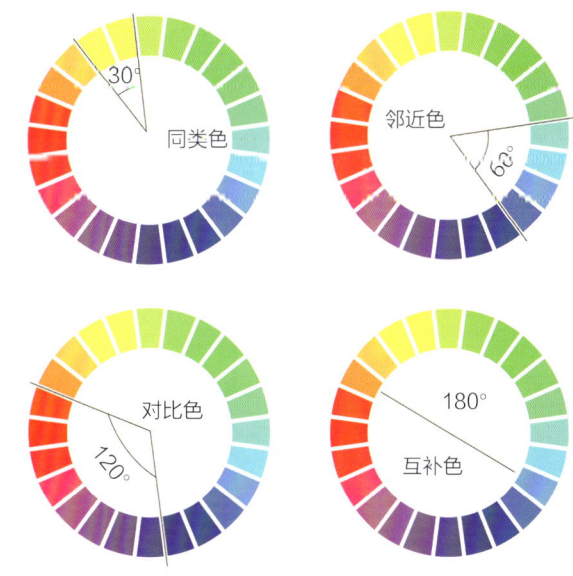

图2-1-41 常见的配色方法

图2-1-42 Gucci 2017春夏男装系列

图2-1-43 不同的面料材质

也有着各自特殊的符号，且能够直观地传达服饰信息。由此可以发现，服饰在诠释人物各方面具有信息传递作用。

四、实践程序

《格格杯》设计是王俊涛主持完成的2015年国家艺术基金青年艺术创作人才资助项目《"中国符号"系列》（项目编号：20153200）中的六套作品之一。

1. 理解课题

"衣"的设计选题方向虽然多种多样，但如何将服饰的元素切实融入产品文创设计中却并不容易，选型？造神？达意？确定创新点后，我们就可以进一步延伸和推进计划、完成课题。本节将以《格格杯》为例，以服饰元素为基本设计灵感展示其设计过程。

2. 市场调研

水杯一直是人类生活中不可缺少的产品之一，接下来即将以4个不同且具有代表性的品牌产品作为市场调研帮助分析（见表2-1-1）。

3. 市场针对性分析

水杯通常是人们用来盛装液体的容器，可用来喝茶、喝水、喝咖啡、喝饮料等。随着当今社会迅猛发展，也逐渐突破了传统的容器思维，开始注重杯身的外观造型设计。在造型设计的过程中，根据不同饮品的饮用特点，可以有针对性的设计。

4. 概念方案

服饰是人类生活中的必需品之一，水杯也是我们不可缺少的产品，而将这两者结合更是相得益彰。本例中"格格杯"的设计提取了中国传统服饰中"旗头"与"云肩"的元素，突出展现了其灵动美丽的气质内涵，体现中国文化魅力。

5. 发散型想象

将"格格杯"的杯盖设计提取旗头的线条轮廓，将其进行平面化的演变，用简单的几何形态勾勒出旗头的基本特征。在搜索到大量历史文献后又挑选了几款极具特色的云肩图案作为杯身花纹的灵感来源，整体上展现出群芳盛开、姹紫嫣红的秀丽之感。最后以人体腰部曲线转化为杯身外部曲线造型，将女性柔美弧线的体态特征加以抽离运用，使杯体更具典雅优美之风韵。

6. 草图发想（详见案例）

7. 设计深化

二维码是近几年来移动设备上非常流行的编码方式，可把图片、声音、文字、签字、指纹等可数字化的信息进行编码，使得人们能够从中获得对应信息。因此在格格杯的设计中也增加了二维码的扩展设计，使得消费者能通过扫码了解其具体设计过程。

8. 方案评估

方案评估非常复杂，评估可以由该领域或业界相关领域的专家评估，也需要市场营销专家，最好在大批量上市之前，找一些具有代表性的消费者人群对产品进行试用，反馈整合意见后，进一步优化产品，再推向市场。好的设计不一定有好的市场，受到经销场所、营销模式、产品价格、使用方式、

表 2-1-1 民用水杯市场调研分析表

品牌	国家	特点	价位区间	视觉档次	消费人群	影响力范围
富光	中国	流线的瓶身外观、人性化的拎带或拉环设计。	20-300 元人民币	低	男士居多	中国国内
特百惠 Tupperware	美国	产品色彩丰富，杯盖外沿5°倾斜角的设计造型极具辨识度。	100-300 人民币	中	女性居多	世界多国
乐扣乐扣 LOCK&LOCK	韩国	标志性的扣盖设计，杯身轻巧耐用，易清洗。	10-200 元人民币	中	较广泛、全面	世界多国
膳魔师 Thermos	德国	经典瓶盖设计、保温效果极佳。	150-450 人民币	高	较广泛、全面	世界多国

消费习惯、经济收入等因素的影响。

《格格杯》设计方案以表现和弘扬中国服饰文化符号为基本理念，与实用性产品加以结合，突出表达了设计师的灵巧构思。在众多水杯产品中以其丰富的色彩、独特的造型脱颖而出，又因其设计元素的文化性与多元性使得消费市场广阔、针对人群广泛。

9. 设计完成

案例展示：见以下组图

格格杯

图2-1-44　格格杯2015年国家艺术基金青年艺术创作人才资助项目《"中国符号"系列》（项目编号：20153200）作品之一　王俊涛设计

图2-1-44　格格杯2015年国家艺术基金青年艺术创作人才资助项目《"中国符号"系列》（项目编号：20153200）
作品之一　王俊涛设计（续）

*致谢：本案例中古代"云肩"实物图片，参阅崔荣荣、王闪闪2012年9月出版著作《中国最美云肩》（河南文艺出版社）中相关图片，在此致谢！

第二节　项目训练——食

一、课程概述

1. 课程内容

正如中国的一句老话"民以食为天"所言，所有人因为最基本的生存需要都免不了一日三餐，以至在漫长的时间长河里，人类的饮食文化不断发生着日新月异的变化。到了21世纪，著名的餐具设计师英杰格·赫曼更是提出了"美食是一种生活态度"。每个国度，每个民族，甚至每个家庭都有自己独特的饮食文化。当饮食类设计不再仅仅是作为解决饥饿的今天，饮食类设计艺术与文化早已深刻地结合在一起。

这一款系列果盘设计，它的灵感来源于鱼在水中嬉戏游动时击起的水纹。果盘的材料选用玻璃，有种清澈、愉悦的感觉，果盘的边缘有向上凸起的形状，是方便能把果盘端起，果盘上面放置的鱼可以充当筷托，并采用金属材料，简洁实用，玻璃上优美的水纹加上简洁的金属鱼，呈现了一幅鱼悦之境（如图2-2-1所示）。

2. 训练目的

饮食类文化，是饮食事宜的一个系统概念。人类的饮食需求和饮食实践产生的物质形态和精神形态的一切事项，都属于饮食文化的范畴。饮食文化与国计民生和科技发展息息相关，饮食文化设计的更新换代成了人类生活发展的缩影，随着

图2-2-1　《鱼悦之境》餐具设计　王俊涛设计　2016年

各个时期国内外人的生活动态和审美习俗展现出了千姿百态的形式，在人类历史上大放异彩。因此"食"这个板块最重要的就是学会以"人"为本，要学会为"人"服务，不仅要注意功能上的使用，更应该在精神层面上达到一定的高度，通过"色""香""味""意""形""触"六大点全方位地满足人的要求。以此来提高设计师对人的理解，加深设计师对餐具、食品包装的色彩敏感度；对造型的要点的准确把握；对设计所需要的情感认知有所体会等。我们在进行饮食文化设计训练时，应着重以下目的。

（1）传统思路

探索不同的饮食文化设计所带来的文化创意设计体验，训练和培养学生在餐具及其周边衍生品等方面设计创新的能力，拓展设计思维与创意设计的新途径。创造美并由此引导设计创意的联想，通过拓展设计将创作灵感延伸为更多风格或富含更多饮食元素的周边衍生品设计。从艺术设计的角度认识、掌握餐具设计的创意文化，最后达到能独立构思，运用多种表达方式和设计手法设计出不同年龄，不同造型、功能、材质且能为市场与消费者所接受的饮食文化产品（如图2-2-2所示）。

（2）拓展思路

在"食"基本概念范畴的基础上，在设计实践中去发现"食"元素的美、探究以"食"为创意启发"原点"的发散性设计思路，抽离出"食"概念中的色彩、香气、口味、意境、造型、触感等元素，与相关产品进行"跨界""嫁接"组合、再设计，力求设计出具有"食"元素、符合时代流行趋势、适应时代审美，甚至引导时尚潮流、传播人类优秀传统文化的文创产品。

本款水果造型的便笺纸在平常放置时就像是一个完整的苹果，仿佛被人用刀完美地切成了很多很多片散开成一朵朵花。每张便签上都印有真正的苹果或梨的剖面，甚至能看到上面的"籽"（如图2-2-3所示）。

3. 重点和难点

重点：如何运用发散性思维对已有的事物进行结合联想，赋予其生命力。

难点：进行发散设计的同时，保留物品基本的使用性能。

4. 作业要求

请以家乡美食文化元素或特色小吃为灵感来源设计一款饮食类文化创意产品，使其符合现代流行趋势且具有较强实用功能，并配设计构思说明。设计构思内容需包括：

（1）设计灵感来源，设计的产品；

（2）造型、色彩、材质等各种要素的具体方案；

（3）设计理念、所要表达的思想。

以PPT形式上台宣讲分享产品设计过程及成果，汇报分享产品报告书打印纸质版形式提交最终作业。

课时建议6课时，其中：主讲理论2课时、安排设计主题，课下搜集资料及设计思路。设计草图讨论、修订细化2课时，课下完成课题PPT（调研报告、设计思路、设计过程、设计成果展示）。最终设

图2-2-2 《"霓裳漫舞"咖啡具设计》唐山骨瓷　王俊涛设计　2016年
国家艺术基金2015年度资助项目《日用陶瓷设计创新青年人才培养》成果

图2-2-3　水果便笺纸

计作品汇报分享、评述2课时。

二、设计案例

与"食"有关的相关设计的范围较宽，大致可以分为传统思路——餐具及其周边衍生品，及拓展思路——餐饮元素的文创设计两个部分。传统与发散性思维的结合使整个"食"的案例展示更加完善、直观与立体。

（一）餐具及其周边衍生品设计作品（传统思路）

1. 餐具类

餐具在人们的一日三餐中有着举足轻重的地位，精于食器品质，美在视觉体验，情融交杯换盏，礼导饮食细节等文化寓意完美地体现在人们的餐桌上，在餐桌上已经不仅仅吃饭那么简单，它上升为一种艺术境界，从餐具的材质、花纹、色彩等方面将生活艺术化（如图2-2-4，图2-2-5所示）。

2. 厨房类

厨房因为繁杂的烹饪程序，常常成为设计师们群策群力解决各种疑难杂症的下手之处，共同的目标就是减轻烹饪者的负担，为冗长的烹饪过程增加一点趣味性。因此厨房小用品种类繁多，生活必备，且不能缺少。如：菜板、调料盒、锅、刀具、铲子、勺子、定时器、调料瓶、保鲜袋等（如图2-2-6至图2-2-8所示）。

3. 茶具设计

茶具在中国源远流长的茶文化中是点睛之品，在爱茶之友眼中更是一种艺术。中国人都有饮茶的习惯，普通家庭里都有一套茶具，在饭后泡一壶茶，放松地呼吸沁人心脾的茶香。茶具市场在造型和质感上也屡有突破，适应当代人的美感需求（如图2-2-9至图2-2-14所示）。

4. 个性化

传统的小用具如果没有艺术造型，大多只是一

图2-2-4 吴冠中系列纹样餐具 Z-Inhouse设计

图2-2-5 深蓝色窑变釉 日居仕设计

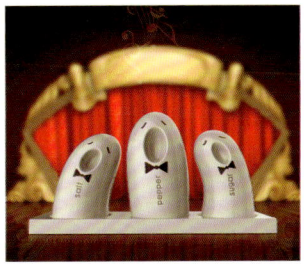

图2-2-6 小合唱调料罐 白仁飞设计

图2-2-7 创意餐刀套装 Mia Schmallenbach

图2-2-8 全套锅铲套装 英国Joseph设计

图2-2-9 《"竹之语"茶具设计》 王俊涛设计 2016年 国家艺术基金2015年度资助项目《日用陶瓷设计创新青年人才培养》成果

图2-2-10 《国色天香》 西施壶 张丽娇设计

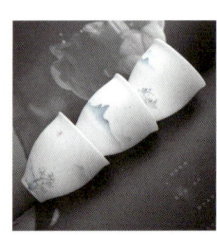

图2-2-11 《禅静香远》 系列品茗杯 张丽娇设计

图2-2-12 珐琅彩水杯

图2-2-13　金属感咖啡具设计　　图2-2-14　陶瓷鸭子造型水杯　日本　　图2-2-15　"年年有鱼"红酒升罐器　白仁飞设计　　图2-2-16　贪吃鱼挤核桃器　白仁飞设计

图2-2-17　魔术师的冰激凌模具　　图2-2-18　Pulke煲汤神器　　图2-2-19　颐和园年年有鱼泡茶器

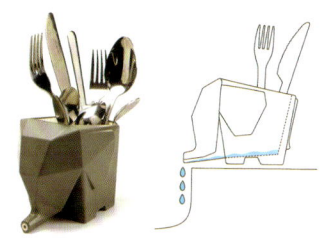 

图2-2-20　小象造型沥水架　以色列Peleg Design工作室　　图2-2-21　太湖窑系列　窑变咖啡杯（1）雪花釉咖啡杯（2）冷赟玲设计

图2-2-22　"水何澹澹"咖啡杯　傅丹　设计　国家艺术基金2015年度资助项目《日用陶瓷设计创新青年人才培养》成果　　图2-2-23　珐琅彩白酒玻璃杯

个冰冷的器物，但是若能够发挥创意想象，为小用具注入生命力，就可以为生活增添一点色彩与活力（如图2-2-15至图2-2-20所示）。

5. 咖啡具

在快节奏的现代化城市，咖啡成了年轻人不能缺少的提神必备品，也因为咖啡独特香醇的口感受到追捧，咖啡具也慢慢地更新换代具有了更优雅的外形和出色的色彩方案，使人在品味咖啡的同时，感受到文化的熏陶，设计的美感（如图2-2-21、图2-2-22所示）。

6. 酒具（如图2-2-23所示）

（二）餐饮元素的文创设计（扩展思路）

1. 食品包装袋

在货架上的食品第一呈现在用户面前的就是产品包装，因此食品包装往往成为吸引消费的形象，具有物质成本以外的价值，食品包装有时甚至比食品本身更得人心。一个好的食品包装设计，能使产品树立优质的形象，提高产品竞争力，促进产品销售。

优秀的产品摄影作品能够具体地向用户传达食品的信息,同时能够让用户以为包装内的食品像包装上的一样色香味俱全(如图2-2-24至图2-2-26所示)。

2. 吸管设计

吸管是生活中比较不起眼的饮品用具,但是越不起眼的事物越考验设计师的设计水平。打破思维定式,在发挥空间较小的材质和造型上做出比较前卫的设计需要创新性思维的持续加持(如图2-2-27所示)。

3. 旅游便利餐具设计

在户外旅游野营的情况下,最重要的就是餐具的便于携带性,在便于收纳的情况下同时保持其基本的功能性是基础要求。如何为旅行锦上添花而不是成为累赘是设计师首要考虑的问题(如图2-2-28所示)。

4. 食物造型应用设计

在日常的设计活动中,为了达到为生活增添情趣的目的,经常可以看见物品之间的互相模拟形态,引发人们的联想,使其对商品产生兴趣。有趣的形态模拟常常能为在功能上并不突出的产品大大加分(如图2-2-29至图2-2-34所示)。

本款冰箱贴以台湾著名小吃如小笼包、烧卖、寿桃、凤梨酥等美食创作的磁铁,极具台湾特色,形象逼真,是美食的美好记忆。冰箱贴尺寸介于4~5厘米之间,材质为树脂,整齐地吸附在冰箱上,看上去宛如一桌满汉全席(如图2-2-35所示)。

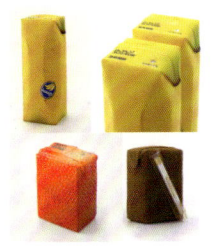

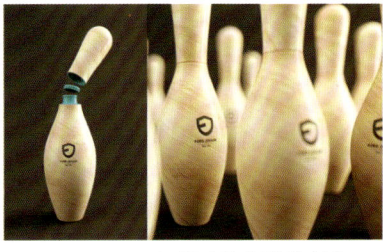

图2-2-24 创意果汁包装 深泽直人(日本)　　图2-2-25 水果造型饮料包装设计　　图2-2-26 保龄球瓶样的饮料瓶 Constantin Bolimond设计(俄罗斯)　　图2-2-27 纸质竹叶吸管

图2-2-28 野营餐具组合 Piltz-design　　图2-2-29 土司沙发(日本)　　图2-2-30 水果卫生纸 川原和明设计 Latona Marketing Inc.设计公司(日本)

图2-2-31 披萨睡袋　　图2-2-32 开心果碗 OTOTO设计　　图2-2-33 伪装食物系列iphone手机壳 Paperworks设计

图2-2-34 时尚火锅创意设计 王俊涛 2017年摄　　图2-2-35 台湾小吃冰箱贴

三、知识点

（一）食之——"色"

"色"主要指饮食类设计产品的色彩表现形式。平时所讲"色香味"，色为首，眼睛是我们获取任何信息的第一道窗口，一道菜如果无法从颜色上吸引你很难提振食欲。相关的文创产品同样如此，越来越多的文创设计将产品的外观设计作为产品研发的重点方向之一。色彩和造型一样都是造型语言，任何产品在我们心中都有一个理想的状态需要我们去寻找，所以如何正确地找到更适合产品的色彩是和产品设计的造型一样重要的。但色彩是影响视觉最活跃、最敏感的要素，色彩对人们有着更大的吸引力，色最重要的作用就是紧抓用户眼球。布鲁墨提出"色彩能够唤醒人的情感、情绪，甚至影响人的生理感受。"因此，在设计中通过对色彩的运用，可以大大增加增强产品的表现力。

产品设计中的色彩不是孤立的，各有其独特性，这与绘画或者平面设计中的色彩是有不同的。在不同的材质下运用相同的色彩效果是不同的，在不同的环境下使用的色彩是有不同的，给不同的消费者使用的产品使用的色彩也是不同的，不同性质的产品也需要有不同的色彩，而在企业产品品牌设计中还要考虑企业的标识性和企业的形象色彩等。

Appletime的PIPS系列手表，以不同水果为设计灵感，外观特点鲜明、新颖时尚。水果系列手表的表面全都是水果的横切面，表带是水果的表皮颜色，表面则是果肉的颜色，至于时间的刻度则是水果的核（如图2-2-36所示）。

1. 色彩体现民族、地域的特点

民族不同，风俗习惯不同，爱好禁忌也会不同。受教育程度、文化层次不一，对色彩的喜好也不一样。黄土高原和云贵高原一些少数民族或者边远山区的人们喜爱大红大绿等一些极鲜艳的颜色，这和他们生活的苍凉、浑厚的高原、大山背景相和谐、统一，同时鲜艳色彩也是他们顽强生命力以及他们对生活的热爱的外在表露；而普通城市居民，大多偏爱淡雅、清新明快的颜色。对于中国人和西方人来说西方人视粉红色为生命之色。因为粉红色有多愁善感、易激动和浪漫的感情色彩，这和西方人热情、外向、夸张的性格相对应；而中国人把绿色看成是生命之色，绿色象征着希望、青春、朝气。同时，绿色也代表着和平、稳定，有安于现状求安宁的情感成分，这又是和中华民族含蓄、稳重、平和的美德分不开的。在东南亚和欧洲视黄色为高贵的王室御用色，代表着神圣和尊严。在美国，黄色也是深受人们喜爱并被广泛运用的颜色。但在日本，黄色却有不成熟之感，象征着遭殃，有趋于死亡之意。所以在美国行销不衰的百事可乐饮料，由于包装商标的主色调是黄色，却在日本市场滞销，惨遭失败。

2. 色彩心理与年龄的关系

人们随着年龄的变化，生理结构也发生变化，色彩所产生的心理影响也会有所差异。儿童大多喜欢鲜明的颜色，红和黄两色是一般婴儿的偏好。4~8岁的儿童最爱红色，8岁以上的儿童最爱绿色。一项调查显示，男生喜爱的颜色排序为绿、红、黄、白、黑；女生喜爱的颜色排序为绿、红、白、黄、黑。绿色与红色为男女生共同喜爱的颜色，黑色普遍不受欢迎。这一统计结果表明，青少年偏爱绿色和红色，其原因是绿色和红色让人联想到生机勃勃的大自然和自然界中充满生机的红花绿树，这些色

图2-2-36 水果系列腕表 Appletime设计

图2-2-37　儿童餐具的色彩　　图2-2-38　成人餐具的色彩　　图2-2-39　太湖窑系列　秘色祥云杯　冷赟玲设计　　图2-2-40　Bla Bla饼干

彩的偏爱与青少年精力旺盛、纯朴天真的心理特质是相吻合的。而成年人由于生活经验和文化知识的丰富。色彩的喜爱除了来自于生活的联想以外还有更多的文化因素。因此，按照不同年龄层次消费群体的色彩心理进行食品包装设计，可以做到有的放矢（如图2-2-37、图2-2-38所示）。

（二）食之——"香"

本章节所讲的"香"主要指饮食类设计产品中与人嗅觉行为有关的发散性思维设计。人们对于美食的第二印象来自于嗅觉，而嗅觉也是记忆保存时间最久的感觉。气味会影响到人们的情绪，同时气味也可以唤起人们的记忆，人们对气味是比较敏感的，嗅觉效果也同样影响着人们的消费心理。嗅觉在商品包装中的应用一般在化妆品行业、日用品行业及食品行业等，人们通过嗅觉可以感知不同商品的气味。有些固定的气味已经存在人们的记忆中，尤其像饮品、食物等具有独特气味的物体，在人们的日常生活中已经产生了毋庸置疑的影响力。

饮品类的香气相比食品类甚至更为浓郁，就拿茶来说，从滚滚沸水注入，与茶叶相拥的那一刹那起，茶叶就被唤醒了，同时被唤醒的，是茶淡雅悠长的香味。茶文化起源于中国，中国人习惯于品茶，喝之前低眉闭眼深深一吸，仿佛方才将整杯茶的精髓领会。西方咖啡文化也是同理，咖啡味苦，然而咖啡香却拥有独到的深邃感，耐人寻味。因此茶杯与咖啡杯往往用陶瓷制成，可以保存咖啡与茶原始的香气（如图2-2-39所示）。

食品类的香气主要功能就是引起用户的食欲，加上有趣的包装可以事半功倍，如图2-2-40所示产品的包装采用引起食欲的明亮色彩，配上巧妙地结构设计，在品尝美味食品的同时增加情趣体验，让用户在愉悦的情绪下完成对美食的体验。

（三）食之——"味"

本章节所讲的"味"主要指饮食类设计产品中关于味觉的发散式思维设计。味道是我们品尝美食后的第三印象，同样也是印象最深刻的一种感觉。我们经常会因为某种流连忘返的味道而异想翩翩，而文创类产品则是通过对于我们生活方式的改变，让我们能够细细品味生活的真实味道。

1. 色彩载体

由于味道除了主要有甜、咸、酸、苦、辣的"舌感"外，还有各种"口感"。要在设计上表现这么多的味觉感受，并且要向消费者正确传递味觉的信息，设计师就要根据人类认识事物的方法和规律来进行表现，总之，通过人类长期的实践和总结归纳，色彩本身已经被赋予了各种各样的特定味觉信息。也就是说，色彩在认识自然的长期实践中，已经被抽象成了各种味觉感受的符号。例如：红色的硕果给予人甜美的口感，因此红色在水果类饮食类包装里主要就是传递甜的味觉。红色还给人以热烈、辛辣、喜庆、革命的联想。因此，在变态辣、重庆火锅等诸多元素里均大面积地采用了红色元素。如辛辣刺激：重庆麻辣火锅、变态辣烤串（如图2-2-41所示）。

图2-2-41　重庆火锅底料采用红橙色相间包装

2. 造型载体

食品包装的造型也会对食品的味觉产生影响，由于不同包装造型与材料的性质差异，呈现出来的质感也是影响食品看起来味道好坏的因素。例如：雪碧——冰冰凉、透心凉的感觉来源于其流畅的包装容器以及透明绿色塑料的材质，加上抽象水纹的配合，产生了良好的效果。而产品同质化极高的矿泉水要表现其口味差异就显得难多了。相反的，如果用透明的塑料袋包装膨化食品就没有用不透明塑料或者锡箔纸包装看起来香脆可口。另外，摄影图片的运用有时候也能起到刺激消费者食欲的作用。今天越来越多的设计将食品的实物照片放在包装上，一方面展示给消费者包装内食品的样子，同时利用一些食品"美容"的方法使人们认为包装里的东西就如图片一般"色香味"俱全。

（四）食之——"意"

"意"主要指"创意"，将创意新品融入家居生活、将文创产品进行人性化的设计。对于美食的赞誉从最早的色香味俱全扩展到"色香味意形"五个方面，而"意"是在色香味的基础上吃出品位，它需要你营造品尝美食的氛围以及对于美食文化的了解。创意概念性的产品则代表了这个"意"，创新的功能优化与人性化的设计在生活中扮演着非常重要的角色，不仅仅是作为一样物件摆着，而是作为生活的一部分，在目之所及的地方时时刻刻让我们感慨生活已经变得越来越有人情味儿、赏心悦目。

1. 自然化意境

当今时代快速的生活节奏常常使人与自然脱节，在饮食类文化产品的设计中往往加入大量的自然元素，使人在日常生活中也可以与自然有所互动，各种树叶、水果、花朵等形象被用在餐具文化设计中，使人在进食的过程中也能与自然有所互动，感受到大自然不可言说的意境之美。

本款杯托的设计灵感来自于："落红不是无情物，化作春泥更护花。"无论从包装，还是产品，你都无法看出这款杯托的特别之处。纸质杯托周围微微翘起，形似落花，可以看见表面细微的纹理。在茶水注入茶杯中时，温度透过茶杯渗入杯托之中，原本白色的杯托泛起了淡淡的粉红，缓缓晕开，最终变成滑板的样子。这是智能材料展现的精彩人文演绎（如图2-2-42所示）。

2. 功能优化

在现代化社会的今天，越来越多的产品在功能上追求细节，出于人性化的考虑，产品采用越来越多的视觉元素使产品更加可爱可感，并且在功能上进行了更全面合理的布局。为人们生活提供了便利性，同时不失有趣。

玛格瑞尼所设计的鹦鹉开瓶器隐藏许多功能。鹦鹉嘴巴可当开瓶器，咬开各种瓶盖；肚子内藏的螺丝起子方便开红酒，此时，翅膀和铁脚自然成为借力的两翼；此外，冠头还隐藏小刀，可划破塑胶包装，同时鹦鹉尖利的嘴部形象又与开瓶器的性质相贴合，是内外兼修的设计（如图2-2-43所示）。

3. 意义演绎

人们在这一生中，总有一些特殊的时刻需要纪念，对他们来说，有些东西对他们会有特殊的意

图2-2-42　花瓣杯托　庄愉、日本佐藤仁美设计　　　　图2-2-43　鹦鹉开罐器　玛格瑞尼设计　2004年

义，可以是父母的一块玉佩，也可以是自己的一块奖牌，对他们来说，物体带有的意义已经大于它们自身的价值。例如：人们通常在旅游途中购买旅游纪念品，出于对当地文化的喜爱，也为了记录下这一段旅途的回忆。旅游纪念品可以代表一地的文化品格，甚至成为象征，有人比喻旅游纪念品是一个城市的名片，而这张名片典雅华丽，有极高的收藏与鉴赏价值。

如图2-2-44"大瓷大杯"以谐音"大慈大悲"为设计灵感，契合佛教思想。又如图2-2-45"牛小禅"茶趣杯以生动活泼的牛小禅形象浓缩了牛首山的精华要素，十个成一组，多变有趣。设计灵感来自于中国传统的长寿法口诀：一贯知足，二目远眺，三餐有节，四季不懒，五谷皆食，六欲不张，七分忍让，八方交往，酒薄烟戒，十分坦荡。寓意为人这一生要知足常乐，做事要高瞻远瞩，三餐要节制有度，四季都应该勤于运动，吃饭要五味调和，戒除贪欲，处事谦让，交友有道，少喝酒不抽烟，方能坦荡一世，长寿绵延。加上牛小禅灵动活泼的卡通造型，警醒而不失有趣。

（五）食之——"形"

其实"形"是慢慢从"色"中分割出来的，对于美食我们会考虑它的形状或点缀。对于文创产品我们主要考虑的是产品的创新设计，这些创新设计正在逐渐改变我们的使用体验，无论他们能否引导行业成为未来的趋势，他们依旧推动着行业创新的脚步。可以这样理解："形"——创新设计改变用户体验（如图2-2-46、图2-2-47所示）。

（六）食之——"触"

触觉效果可以很好地反映商品的造型及材质，触觉效果可以让人们对商品产生一种比较形象的主观感受，给人们带来触觉的感官体验。商品的材料是影响人们的触觉效果的主要因素，人们在购买商品时不仅要通过眼睛观察，有时候还要通过触觉感受商品的属性。好的设计触感会引起消费者的好奇心理，在一定程度上会受到更多消费者的青睐（如图2-2-48所示）。

（1）陶瓷质感：在英文中"瓷器"（china）与中国（China）同为一词。中国是瓷器的故乡，瓷器是古代中国伟大的发明之一。陶瓷餐具的烧制和应用在我国有着悠久的历史，其造型多样、色彩斑斓，陶瓷质感不类玻璃，因为手感清凉细滑，质感温润，深受国人喜爱。

"六朝时韵杯"是针对六朝古都南京设计开发。以高品质的高淳陶瓷骨质瓷为原料制作组合系列杯，杯体描绘六朝时代线及地理版图，运用中国"书

图2-2-44 "大瓷大杯"茶趣杯
江苏翰港文化发展有限公司

图2-2-45 "牛小禅"茶趣杯
江苏翰港文化发展有限公司

图2-2-46 茶具《乐》 宋雅民设计

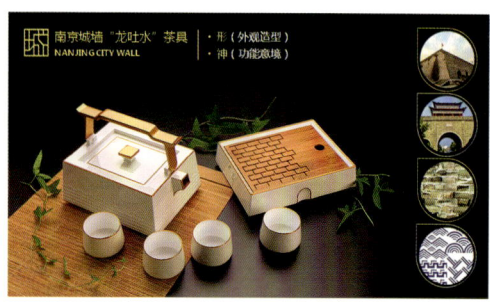

图2-2-47 "龙吐水"茶具套装
江苏翰港文化发展有限公司

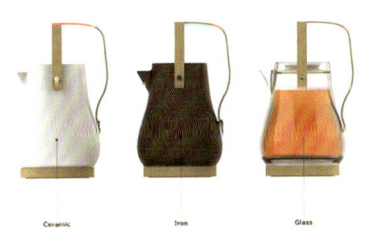

图2-2-48 同一物体不同质感的体现 lagranja工作室

图2-2-49 六朝时韵杯 江苏翰港文化发展有限公司

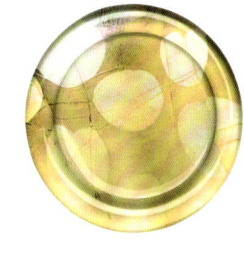

图2-2-50 玻璃杯垫 美国路易斯·蒂芙尼设计 纽约大都会博物馆(美国)

图2-2-51 满月餐具 Chaehoon Moon 韩国

法"元素表现,"吴""晋"等六个汉字笔意浓厚,金色配黑色,充满时代风韵,选用杯型巧妙简约,内设独特月牙形茶隔,杯盖可悬挂于杯沿,杯壶一体,极富层次感。融合现代美学,承载六朝荣耀(如图2-2-49所示)。

(2)玻璃质感:玻璃因为其光滑的手感备受人们喜爱,加上其干净剔透的外观,十分适合作为盛放液体的器皿,如酒杯、水壶等。

如图2-2-50所示,本款杯垫图案的创意灵感来源于自然界,对花、草和水的元素进行抽象化提取,用色鲜艳大胆而又别致,杯垫共四枚成一套,礼盒包装,适合用来互相赠予。

(3)不锈钢质感:不锈钢材质有着接近镜面的光亮度,触感硬朗冰冷,属于比较前卫的装饰材料,具有优异的耐蚀性、成型性、相容性以及强韧性等系列特点,在饮食文化设计中常常被用于厨具制造

中,一般配合上直线刚毅的线条就具有十足的锋利感和先进感。

如图2-2-51,这套餐具的外形让人联想起天空中的满月,明净如镜,而没有多余的装饰。设计师使用了韩国传统器皿中使用的合金材料Yuhgee,是由铜和锡做成的,不仅具有保温的特点,还可以检测到有毒的食物。在上面涂上了特殊的漆,黑色与古铜色搭配,让这套餐具显得典雅。

(4)塑料质感:塑料的手感相比陶瓷玻璃会比较粗糙,质地也比较浑浊,没有什么先进感可言,但是因为其防滑、导热性低和耐冲击性好的特点,在一些容易磕摔的餐厨具上也经常能看到它的身影。如淘箩、碗具等。

(5)竹木质感:手感朴实,抚摸上去比较平滑,甚至带有自然的木头香气,在餐具中也应用甚广,但是比较容易磨损,更容易被污染、发霉。例如砧

图2-2-52 "如意"茶匙
王俊涛设计 2012年

板、锅铲等。

"如意"茶匙设计采用"如意"元素。如意象征平安、吉祥,是中国传统文化中美好事物的代名词,有某种祝福祈福的寓意。将中国传统的茶道与如意融为一体,以如意的轮廓纹样为茶匙外形,加以原木的材质纹理,表达了人们在生活中对美好事物的向往(如图2-2-52所示)。

四、实践程序

本案例选取象征中国文化符号的国粹陶瓷精品《盛世如意》2014年APEC峰会水立方晚宴元首用瓷,江苏高淳陶瓷股份有限公司出品。《APEC国宴餐具》2015年荣获中国陶瓷艺术大展暨第十届全国陶瓷艺术设计创新评比"金奖"(中国轻工业联合会、中国陶瓷工业协会联合颁发)、第五届"大地奖"陶瓷作品评比荣获"金奖"(中国轻工业联合会、中国陶瓷工业协会联合颁发),2017年7月20日被中国国家博物馆收藏。

1. 理解课题

APEC峰会将象征中国文化符号的国粹陶瓷精品"盛世如意"作为会议期间各国领导人的专用餐具,以"china(瓷器)"传递我们伟大祖国实现"China(中国)"梦的信念,以传承,超越传统。中国作为拥有5000年历史与文化的大国,中华文明是历史上唯一没有中断的文明。APEC国宴采用了中华传统的经典形式,体现了中华民族的自尊与庄严,用传统的经典符号释放了强烈的文化气息,传达了端庄与典雅,传达了历史的厚重与浩瀚之气!

2. 市场调研

对比国外国宴餐具:国内国宴餐具器型多样,用色大胆,材质创新,并且在文化上考虑到了中西方饮食文化的差异性。对比国内国宴餐具:用色上更加鲜艳明快,花纹元素上化复杂为整齐,十分抢眼,富丽堂皇。

3. 市场针对性分析

在使用方式上中西合璧,不仅采用了中国传统的餐具筷子等,同时迎合了来宾的西餐习惯,刀叉、冷菜盖等餐具都属于西方餐具范畴,而且二者相辅相成,都采用陶瓷制成,相映成趣。

4. 概念方案

本案例以《诗经》中词句"和鸾雍雍,万福攸同"寓意为主题设计。和鸾是车马上的铃铛,在设计的主体纹样中为磬纹,宝磬是礼乐之器,有祝福之意。和鸾雍雍,万福攸同,宾客至,同多福。瓷器的装饰采用中国传统的珐琅彩工艺,材质打造则借鉴英国的骨质瓷制作工艺。部分瓷器的造型参考了中国古代宫廷御膳餐具。APEC国宴采用"帝王黄"珐琅彩瓷,一套有67件。APEC"盛世如意"国宴餐具仿清宫廷御用瓷器风格制作;装饰工艺运用了珐琅彩贴花,以及缠枝纹、磬纹装饰。设计中贯穿着"如意"的元素,不是简单的嫁接,而是巧妙地融入,象征着中国人民对人类和平、富裕的美好祝愿。

5. 发散型想象

本案例提取了中国传统"如意"元素。"盛世如意"寓意为"盛世华章,如意太平",比喻亚太地区美好、繁荣、和平的发展愿景。

6. 草图发想(详见案例)

7. 设计深化

(1)传统吉祥图案

装饰上选用源自甘肃敦煌壁画中的纹饰"如意宝相纹",经过甄选、提炼出宝相花纹、牡丹纹、云纹、如意纹等中国传统吉祥图案,经过设计师的融合创新,提炼出核心图形,贯穿使用在每件产品中(如图2-2-53所示)。

(2)如意造型设计

深度挖掘APEC会议的精神内涵,结合晚宴举办地水立方场馆极具后现代艺术感和建筑特色的元素,整体器型设计贯穿"如意"元素。"盛世如意"寓意为"盛世华章、如意太平",契合了晚宴的文

图2-2-53 传统吉祥图案在设计中的应用

图2-2-54 如意造型在设计中的应用

图2-2-55 色彩搭配

图2-2-56 餐具布局

化主题。同时表达了中国人对美好未来的向往、对世纪盛会的庆祝，展示了中国的国风、国韵（如图2-2-54所示）。

（3）中国皇家色彩

国韵黄（主桌）、珍珠白（嘉宾桌）两个色系为餐具的主色调，相映成辉。黄色在中国自古以来代表高贵，是古代宫廷的御用色彩，有大自然、阳光的涵义，给人明快、大气、辉煌，充满希望和活力的色彩印象。对传统文化精准的拿捏和把握，透露出对中华文化一种大气的自信，尤其是瓷器色彩的运用更彰显出皇家风范，让世界看到了中国元素的气度与中华文化的底蕴（如图2-2-55所示）。

（4）数量及摆放要求、使用顺序、餐桌礼仪等

根据国宴的餐品、饮品等需要，这次APEC峰会国宴用瓷设计了67件瓷器，器物之间尺度严谨，整套产品的设计端庄与动感并存，近于完全传统的装饰，在这内敛的基调下隐藏着造型的大胆创新与变化（如图2-2-56所示）。

（5）精致细节，人性化设计

不仅精心设计单一器型，同时讲究进餐顺序、餐位和使用便利性。如汤盅需要放进蒸笼，而如果有装饰，容易损坏，所以做两层。专为调料罐设计了底座，整体上注重体量感和雕塑感，对餐桌既有装饰作用，又保证了用餐桌面美观统一。

8. 方案评估

方案评估非常复杂，评估可以由该领域或业界相关领域的专家评估，在正式运用在国宴场合之前，请一些具有代表性的人员进行试用，确保进餐流程能够顺利进行，反馈整合意见后，进一步对餐具的设计摆放进行改进，最后再正式进入国宴场合。设计受到使用场所、使用方式、使用习惯等因素的影响。

《盛世如意》设计方案以表现和弘扬中国传统餐具文化为基本理念，在设计中中西结合，新颖独到的设计思路突出表达了设计师周到的考虑。在众多国宴餐具产品中以其明亮的色彩、独特的造型脱颖而出，体现出了泱泱大国该有的风范。

9. 设计完成

案例展示：

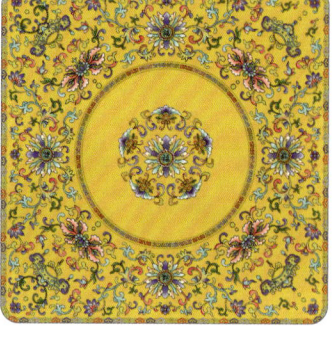

图2-2-57 《APEC国宴餐具》"盛世如意"系列餐具（2014年）

图2-2-57 《APEC国宴餐具》"盛世如意"系列餐具（2014年）（续）
*本设计案例由江苏高淳陶瓷股份有限公司副总经理王贵夫先生、设计师庄志诚先生提供，感谢您对本教材提供的学术支持。

当代官窑
画册内页

第三节　项目训练——住

一、课程概述

（一）课程内容

"住"是动词，代表了人的居住形态，是人以不同的生活方式、行为模式在特定场所所存在的社会反映。经过了漫长岁月，屋舍的安排和内在的设施各有传承与创新，不同的社会形态，造就了人的不同居住行为模式。本书针对"住"从居住空间的内部、外部两个层面，细分为四个方面，借用不同风格类型的案例了解其风格面貌的由来，传达以一种人性化的、轻松的态度来看待设计。

（二）训练目的

在本书所列创意选题："衣、食、住、行、文、娱"中——"住"位居排序的中部。本书关注的"住"有两个层面含义，即居住空间的内部、外部，因而可以理解为：一个是"住"——居住内空间，另一个是"筑"——建筑外空间、本体形象及外围环境，需要从这两大方向进行思考。虽然在"住"的思考中，多关注于物质基础及空间载体，但是关于"住"的精神元素及象征意义、引申意义也不可或缺，因此在我们进行相关文创产品设计时，应全方位思考。通常可以考虑以下两个方面：

1. 传统思路

本课程目的在于训练和培养学生对居住内空间、建筑外空间中人类生活所需要或具有潜在需求的产品，根据产品自身的功能特点与相关文化元素相融合。探究具有文化特质的居家生活用品的基本造型方法及其平面形式和空间形体的特征。从"形""色""式""境"四个方面分析构思与之相关联的文创产品设计，从艺术设计的角度认识、掌握居住用品设计的创意文化，最后达到能独立构思，运用多种表达方式和设计手法设计出不同性别、年龄，不同造型、功能且能为市场与消费者所接受并喜爱的家居文化。在"住"所涉及的居住内空间中，所陈列、摆放的器物都可以作为设计开发的对象，如：家具、摆件、各种壁挂、陈设品（如图2-3-1、图2-3-2所示）。

建筑外空间中包含户外公共设施，如公共座椅、草坪灯等，也包含与建筑元素有关的文创产品，把建筑元素通过归纳、组合、创新并与产品设计的特点相融合。其风格会受到不同自然因素、地域人文环境的影响，形成特有的精神气质和场所性格。在设计时需要进行有机整合，使产品与环境自然协调，以达到相得益彰的效果。塑造良好的绿色环境体系，优化人的居住生活环境。

2. 拓展思路

在"住"的文创设计领域内，在基本概念范畴基础上寻求创新思维的设计观念和多角度探讨新设计的表达方式，探究以"住"为创意启发"原点"的发散型设计思路，从"住"原有概念中抽取出造型、色彩、工艺、历史文化、传统风俗各种类型元素，与相关衍生产品进行"跨界"、"嫁接"组合、再设计，力求设计出具有"住"元素、符合时代流行趋势、适应时代审美，甚至引导时尚潮流、传播人类优秀传统文化的文创产品。

（三）重点和难点

重点：训练和培养对居住内空间、建筑外空间中人类生活所需要或具有潜在需求的产品，根据产品自身的功能特点与相关文化元素相融合。

难点：在"住"的基本概念范畴基础上寻求创新的思维设计观念和多角度的探讨新设计的表达方式，探究以"住"为创意启发"原点"的发散型设计思路。

（四）作业及要求

中国传统建筑元素呈现出一种特殊的文化符号，是传统文化的一种载体，也是传达民族文化的一种纽带，其文化意蕴和价值渗透在人们生活的各个领域。在中国传统建筑的发展过程中，家具的设计与制作工艺技术是伴随其发展的，有着悠久的历史文化，其艺术造型及图形图案处处体现浓厚的寓意和哲理。请以任意传统建筑元素为灵感来源设计一款家具类或者电子类文化创意产品，使其符合现代流行趋势且具有较强实用功能，并配设计构思说明。设计构思内容需包括：

（1）设计灵感来源，设计的产品；

（2）图形、造型、色彩等各种要素的具体方案；

（3）设计理念、所要表达的思想。

以PPT形式上台宣讲分享产品设计过程及成

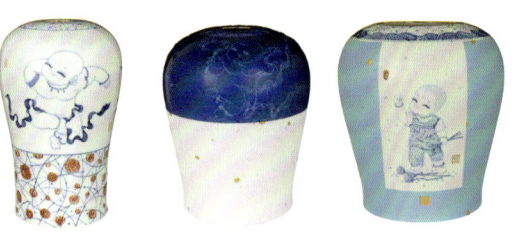

图2-3-1　综合装饰瓷瓶《吉祥娃系列之喜乐乐》
《洒蓝娃娃之乐舞》《夏日童心系列·多多》
章晨设计　2016　中国

图2-3-2　漆器《板凳》《空窗会佳人》
黄丽淑（中国台湾）

果，汇报分享产品报告书，打印纸质版形式提交最终作业。

（五）时间要求

课时建议6课时，其中，主讲理论2课时、安排设计主题，课下搜集资料及设计思路。设计草图讨论、修订细化2课时，课下完成课题PPT（调研报告、设计思路、设计过程、设计成果展示）。最终设计作品汇报分享、评述2课时。

二、设计案例

设计不仅创造了美，而且还让我们的生活充满便利。打动人心的设计创意来源于设计师对生活的感悟、来源于用设计思维分析问题后的执行手段。

（一）居住空间内及其周边衍生品设计作品（传统思路）

1. 中国盆景艺术

盆景是中国的古老文化和优秀传统艺术。它取材于植物、山石，经艺术加工来浓缩自然的奇观异景，使人们在方寸之间可观茂材修竹、群山叠翠，顺乎自然，又巧夺天工。优秀的盆景作品以"小中见大"融文学、美学及其他艺术于一体，在有限的空间中将中国丰厚的文化艺术底蕴展现得淋漓尽致，把观赏者带入一种深邃幽远的意境（如图2-3-3所示）。

2. 家具设计

家具设计是指用图形（或模型）和文字说明等方法，表达家具的造型、功能、尺度与尺寸、色彩、材料和结构。作为家居环境的一大主体，家具不同于一般的消费品，其文化含量的多少是一个家庭文化修养、审美情趣高低的明显标志。因此，在家居环境设计时，在尊重建筑构成和客户功能需求的基础上，更应该注重发掘和弘扬家居环境的人文价值（如图2-3-4所示）。

3. 灯具设计

电灯是人类征服黑夜的一大发明，拥有一盏明灯，让我们打破黑夜。灯具，是指能透光、分配和改变光源光分布的器具，包括除光源外所有用于固定和保护光源所需的全部零、部件，以及与电源连接所必需的线路附件。现代的灯饰，已经不仅仅是用作照明，一盏漂亮的灯饰，晚上可以透过光影的层次营造浪漫的气氛，添加一些文化创意的灯饰也让我们的生活充满了趣味（如图2-3-5、图2-3-6所示）。

4. 香台、香插

香器是指焚香用的器皿及用具，除了最常见的香炉之外，还有香台、香插、香座、香囊、香盘、手炉、熏球、香篆、香盆等，都是属于香器的范

图2-3-3 盆景《长相思》

图2-3-4 蒲公英创意衣架 毕磊设计，王俊涛指导

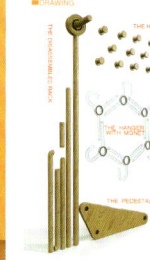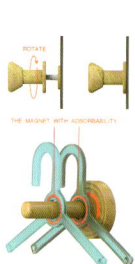

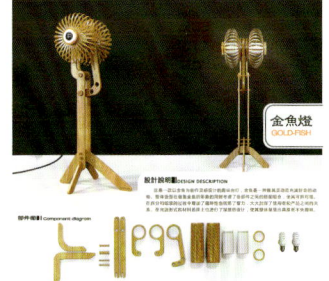

图2-3-5 金鱼灯 毕磊设计，王俊涛指导

图2-3-6 点亮 研点设计有限公司 余嘉仪、陈梓欣设计

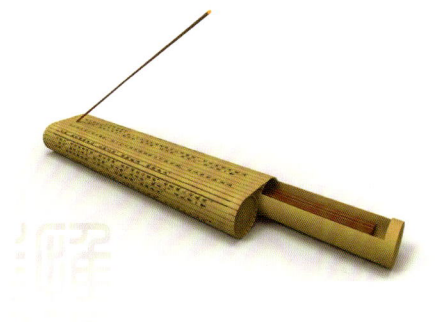

图2-3-7　竹卷香台　王俊涛设计，赵鹏制作

畴。随着香的使用越来越普遍，香器的样式也不断出奇翻新，从香器开始出现到现今，香器的演变，几乎已经形成了独特的艺术，让人们无论是在用香或是供香时，在嗅觉及视觉的心灵意境上，都达到了美好的升华（如图2-3-7所示）。

（二）居住空间外的建筑元素及其周边衍生品设计（扩展思路）

建筑元素具有较强的区域文化和艺术价值，从建筑元素中，可以感受到当地建筑巧妙的设计和对当地精神文化的赞叹。从传统的建筑元素中汲取养分，通过设计组合来营造建筑中所需要的传统文化氛围，实现产品在保持其原有实用功能性的基础上，赋予其一定的生命力，提高产品自身的存在价值和意义，使其在提供使用价值的同时能传递一定的文化气息，表达一定意义的人文载体。我们可以从建筑造型、公共设施等作为设计突破点。

1. 公共设施设计

公共设施伴随着城市发展建设而产生，在美化城市环境，满足人们生活需要等方面起着非常重要的作用。公共设施的设计必须与室外环境条件（人们在室外的行为特征及自然、气象条件等）相适应、相协调，以人们生活的安全、健康、舒适、效率为目标（如图2-3-8至图2-3-10所示）。

2. 建筑元素文具设计

当建筑的影子被浓缩于文具之中，一片林立在桌面的建筑"小千世界"便由此而生。打破文具在人们眼中僵硬、无趣的传统映象，在将建筑意象带到桌上文具的同时，创造出既冲突又和谐的美学体验，营造出桌上的微缩城市风景（如图2-3-11、图2-3-12所示）。

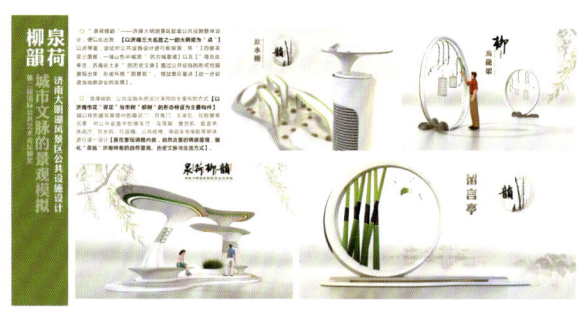

图2-3-8　泉荷柳韵　济南大明湖风景区公共设施设计　张焱设计

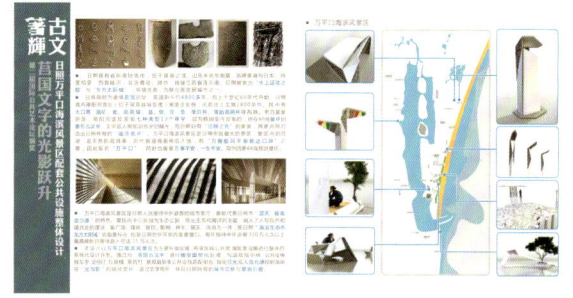

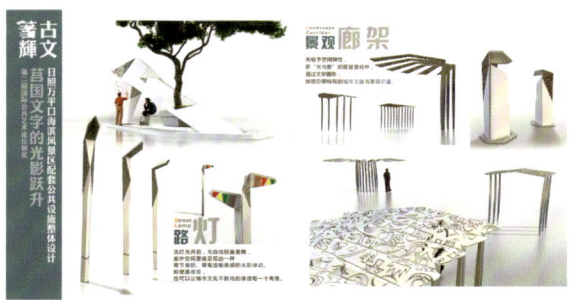

图2-3-9　古文著辉　日照海滨风景区配套公共设施设计　张焱设计

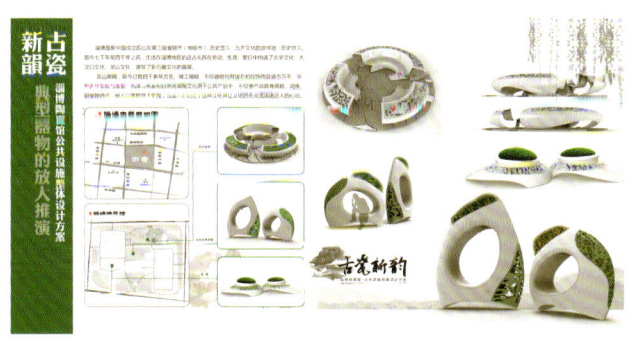
图2-3-10　古瓷新韵　淄博陶瓷馆公共设施整体设计方案　张焱设计

图2-3-11　城市印象文具　tripleliving工作室设计　台湾

图2-3-12　苏州博物馆众筹建筑元素文创产品"山水间·文具置物座"

图2-3-13　青花罐、挂盘　胡源鹏设计

图2-3-14　复古铁艺灯笼LED电子烛台风灯

图2-3-15　鎏金珐琅彩蝉

图2-3-16　"钢铁表面颜色"探究项目（Pat.vol 1）Kneip工作室设计

三、知识点

3．个性化家居饰品

家居饰品，作为可移动的装修，是营造家居氛围的点睛之笔。它打破了传统的装修行业界限，将工艺品、纺织品、收藏品、灯具、花艺、植物等进行重新组合，形成一个新的理念。在大众化的基础上增加独特、另类、拥有自己特质的需要，独具一格，别开生面。传统的小用具加上创意造型，为小用具注入生命力，就可以生活增添一点色彩与活力（如图2-3-13至图2-3-16所示）。

（一）住之——"形"

"形"主要指对于"住"这一广义概念中建筑内外空间的图形、造型、形态。"形"是产品设计基础，是灵感的来源。设计师既可以在产品外部添加图形装饰，也可将产品的造形设计成相似的形态。图形的应用，形态的改变在文化创意产品上的表达虽然是多种多样的，但都要突出产品的个性。创造一种新的视觉享受和联想，带来新的信息和社会价值，进而具有高度的审美价值和丰富的文化内涵特征。图形通过属于它的形态表达创造性的意念，将设计思想可视化，使设计造型成为传达信息的载体。其中包括两点：

1. 图形具有结构美

图形既有自然的美，又有艺术的美。图形的不同组合形式，有着广泛的切入点。其结构形式可以说是抽象美的最高成果，点线面的合理组织、各部分的和谐比例，都是严谨而极富美感的。尤其是中国传统图案，近现代西方的设计师都从其中寻找艺术的依据并受到极大的启发（如图2-3-17所示）。

2. 图形具有意象美

中国传统艺术一向是以形写意、以意传情，家具中图形的设计也不例外，如象征富贵的"牡丹"（如图2-3-30），谐音"福"字常用的动物形象"蝙蝠"。意象美是潜在于民族文化深层意识中而难以用语言表达的心理活动，可以形成图像展现在人们眼前。它们不是对客观对象的单纯再现，而是通过"写意"来表达和传递一种思想与文化内涵。图形的造型过程也集中体现了先人对艺术之美的观念表达。人们将对客观世界的感受、自身的情感体验和道德标准都放在家居这一生活中常见的事物之中，通过图形体现出来，例如"梅、兰、竹、菊"。"梅、兰、竹、菊""岁寒三友"等图案则是一种隐喻，借用植物的某些生态特征，赞颂人类崇高的情操和品行（如图2-3-18所示）。

（二）住之——"色"

"色"指色彩，色彩是文化创意产品设计中最容易给人们留下直观印象的内容，设计师可以通过对创意设计作品色彩的选择、搭配、组合来丰富完善自己的设计，表达自己的创作意图，诠释创意设计作品的灵魂。比如一组柔和温暖的色彩可以使室内环境给人以温馨的感受；一组拥有响亮对比色彩的儿童玩具足以吸引孩子们的注意力；一组充满记忆中色彩的旅游纪念品会促使游客积极购买、日后看到也会对旅行产生美好的回忆。极富创造力地使用色彩，有助于人们对于文化创意产品设计的接受与理解。色相、纯度、明度是色彩的三个要素，随着这三个要素的对比与调和的变化，演变出丰富多彩的色彩组合，不仅可以诠释各种不同的情感和心理感受，还能够演绎丰富、细腻的文化内涵，展现文化创意产品的魅力。

在人们描绘一个产品或形容一个设计时，常常会用色彩作为其标志性的特点，这就是色彩具有强烈的关联性的原因。比如在旅游纪念品设计中，故宫会使游客们联想到庄严的深红色，而国家游泳馆"水立方"则会被关联为纯净的蓝色（如图2-3-19所示）。

每一种色彩都有自己的表情特征，体会不同色彩的意象表现，呈现斑斓色彩中所蕴含的丰富情感和文化内涵，是文化创意产品设计成功与否的关

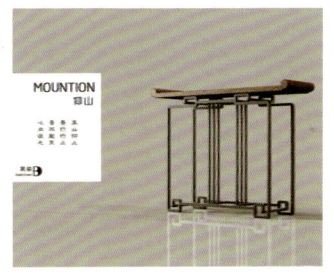

图2-3-17　黑森诗意家具设计　张曼设计，王俊涛指导　2014

图2-3-18　漆器《牡丹盘高脚杯》黄丽淑（中国台湾）

图2-3-19　故宫建筑色彩分析提取图

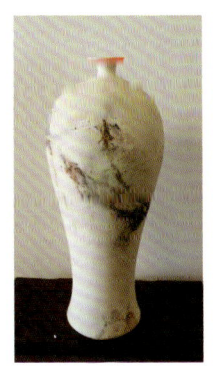  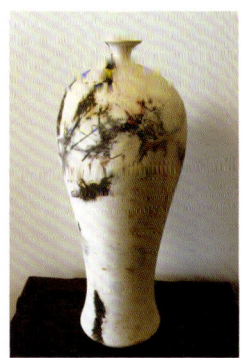 

图2-3-20 《春分》《秋分》瓷，高55cm宽23cm 王乾 2016年

键。在文化创意产品设计中，色彩与情感是相辅相成的，分析不同色彩以及组合在文化创意产品设计中差异化的情感表达，使产品通过色彩表达出不同的情绪感情：高纯度色彩组合表现动感和活力；低纯度色彩组合体现内敛和温和；高明度色彩组合诠释细腻和温柔；低明度色彩组合展现冷静和可靠；暖色系色彩组合演绎热情和喜庆；冷色系色彩组合突出理性和沉稳，情感要依托色彩才能表现出来，而色彩也要有了情感的注入才能得到升华（如图2-3-20所示）。

（三）住之——"式"

式，法也。——《说文》。"式"从文化的地域风格角度来看，可分为中式风格和西式风格。这里所讲的"式"可以理解为"文化营造"。中国的传统家具制造在河姆渡时期就已出现，具有悠久的历史，唐、宋、元、明、清是其中的鼎盛时期，使得中式风格的室内设计在唐朝就已蓬勃发展，因而家具就是当时审美和地位的象征。这些成果对同时期及后续时代其他文化领域里的设计都有影响，很多西式的家具、家居在细节和局部上都能看到它们的影子。虽然西方的工业革命带来了材料和制造工艺上质的飞跃，这对传统的取材和手工技法是巨大的冲击，但作为现代室内空间的设计者，我们有必要把中国元素融入室内设计中，并延续到我们的现代生活中来，让民族文化传承发扬。经过千百年的承传，目前还可见到的中式家具，已经是大浪淘沙后的经典，所以也就具备了极高的融合性。我们在关注中式家具的时候，除了考虑它的材质，更应注重其内在设计体现出的一种中国人的家居智慧。新中式风格的设计不是简单的堆砌复古的元素，而更多的只是以中国传统的古典文化为背景，以现代人审美需求来打造家居空间。

（四）住之——"境"

"境"是指文创产品所表达的意境与风情。"境"的概念最早出现于王昌龄的《诗格》中，"处身于境，视精于心。应然掌中，然后用思，了然境象，故得形似。""搜求于象，心如于境，神会于物，因心而得。"在《诗格》中，王昌龄将"境"分为"物境""情境""意境"三类。"物境"是指人生经历的境界，"情境"是指人情感经历的境界，"意境"指内心意识的境界。

1. 物境

文化创意实际上源于人类最原始的艺术行为：原始人住山洞时，就已经懂得用动物的骨头、石头去创作帮助生活了。人类一直在追求更好、更便利的物品。而生产力决定了生产关系，随着生产力的发展，物质资料逐渐丰富，创作的材料、形式就越来越多，物质审美逐步转向普世的经济，开始"寄情于物"，此时物境才出现（如图2-3-21所示）。

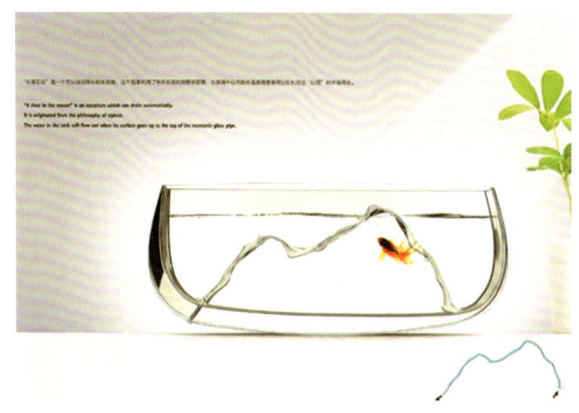

图2-3-21 水落石出鱼缸 设计者：童亦、张静、孙耀

2. 情境

中国园林的面积不大，但是它却能通过丰富的景观内涵，令人感受到大自然的千丘万壑、清溪碧泽、风花雪月。游人置身园林内，能感受到空灵的意蕴。园林的设计运用了虚中实，实中虚的借景手法，把各处的景观融合在一起，构成幽雅静谧的情境。老子曾道："大方无隅，大器晚成，大音希声，大象无形。"这种古代中国的艺术哲学是一种朴素的整体美学观，是强调精神、人的主动性和创造性的。同样的，设计中的情境也体现"设计不是一种技能，而是捕捉事物本质的感觉能力和洞察能力。"（如图2-3-22、图2-3-23所示）

3. 意境

意境是中国古典美学的独特范畴；在中国，对意境的溯源，应当起自庄子的"天地与我并生，万物与我为一"。它为意境论的"物我与共"、"主客为一"、"情景交融"的美学理论提供了哲学基础。其实，意境并不止于诗画之中，现代平面设计与产品设计，也是强调意境的。意境是美学范畴的概念，设计中的意境则表现的是消费者从对设计的理解中获得的情感感知。从分析中国传统文化中的意境的美学特征开始，并由此联系到产品设计中，用意境的观点来分析现在的设计。有时候，一件典型形态的中式家具能带给设计师无穷无尽的灵感。比如环形靠背椅，一条弧线的造型暗示着丰富变化的可能性，在不同眼光的关照下能够呈现出或古典，或现代，或个性，或包容的种种不同面貌。有时候一件造型传统的工艺品设计传达给人们安静温和的观赏意境（如图2-3-24所示）。

四、实践程序

《"祈福年丰"陶瓷茶具设计》，该作品为王俊涛主持完成的2015年国家艺术基金青年艺术创作人才资助项目《"中国符号"系列》（项目编号：20153200）中的六套作品之一。

1. 理解课题

"祈福年丰"陶瓷茶具将中国传统建筑文化融入其中，使其在实用的前提下展现出中国传统宫宇文化的富丽堂皇，将美好的寓意及东方美带入到使用过程当中，使中国文化在其中得到进一步的传承和延续。

2. 市场调研

目前市场上瓷质茶具造型上有各种各样的形式，然而在文化创意上的突破性却很小。针对文化创意方面找了几款案例，例如市场上的这两款中国元素的瓷质茶具，图2-3-25以中国旗袍为提取元素，将旗袍的纽扣部分作为茶壶与茶杯造型改变的基础，在配色上面较朴素。图2-3-26借用梅的精神含义，以"梅"为提取元素，茶壶的壶嘴和壶把做

图2-3-22 青岛世博园雕塑《自然和谐之园》 王俊涛设计 2010年

图2-3-23 青岛世博园雕塑《文明之窗》 王俊涛设计 2010年

图2-3-24 《烟熏系列》 嘉德收藏 王乾 设计

图2-3-25 旗袍元素茶具

图2-3-26 品味人生骨瓷茶具

成枝丁的形状。这两款茶具虽然都在造型上有了改变，使用性也有，却都缺少了一种观赏性。

相比于图2-3-25、图2-3-26所示的两款茶具，祈福年丰组合茶具的设计同时具有了使用性与观赏性，依据中国标志性文化建筑——祈年殿作为设计来源，将茶壶、茶杯、公道杯、茶承分别与其屋檐、柱子、祈谷坛相对应。在寓意风调雨顺、国泰民安之意的同时，也加入了合理的收纳结构，将美感与良好功能性协调地融为一体。

3. 市场针对性分析

祈福年丰的整套茶具有四个部分：茶壶、茶杯、茶盘、茶承。收纳的状态就是祈年殿整个建筑的缩放状态，摆放时有茶盘呈放茶杯的状态和茶壶放在茶承上的状态。

4. 概念方案

造型方案：将茶壶、茶杯、公道杯、茶承分别与其屋檐、柱子、祈谷坛相对应。

色彩方案：红色象征光明、红火、旺盛、强大；黄色象征权力、吉祥，黄即"皇"，源于龙袍、黄马褂等御用物品。蓝色代表希望、庄严。

5. 发散性想象

该设计总体以祈年殿的建筑造型为概念出发点。祈年殿是一座镏金宝顶、蓝瓦红柱、金碧辉煌的彩绘三层重檐圆形大殿。选用八仙献寿典故、八方九州的设计寓意。

6. 草图发想（详见案例）

7. 设计深化

①壶把云纹造型：以"平步青云"为设计出发点，茶壶的"提把"谐首"提拔"将云型进行了设计抽象为"阶梯"状，象征"步步高升"。②壶盖攒尖顶造型：天坛祈年殿、皇穹宇的圆形攒尖顶造型。③如意造型：寓意万事顺利，吉祥如意。④茶盘斗拱元素：起着承上启下、传递荷载的作用。⑤茶杯红柱元素，象征"中流砥柱"。⑥公道杯祥云图案饱含祝福。⑦柱础元素：有柱子就有柱础，用来支撑房屋立柱的压力、保护立柱，象征坚实的根基。⑧茶承造型以天坛为原型，传承祭天习俗，有五谷丰登的寓意。⑨水承、滤盘，是圜丘元素，选用寿字纹样，象征"天圆地方"，寓有福寿安康的意义。

8. 方案评估

方案评估非常复杂，评估可以由该领域或业界相关领域的专家评估、也需要市场营销专家，最好在大批量上市之前，找一些具有代表性的消费者人群对产品进行试用，反馈整合意见后，进一步优化产品，再推向市场。好的设计不一定有好的市场，受到经销场所、营销模式、产品价格、使用方式、消费习惯、经济收入等因素的影响。

《祈福年丰》设计依据中国标志性文化建筑——祈年殿为基本概念，是将现代与古典交融在一起的跨时代茶具设计，将形式美感与良好功能性协调地融为一体。在众多茶具产品中以其丰富的色彩、独特的造型脱颖而出，又因其设计元素的文化性与多元性使得消费市场广阔、针对人群广泛。

9. 设计完成

案例展示：

图2-3-27　祈福年丰茶具　　王俊涛设计

国家艺术基金青年艺术创作人才资助项目《"中国符号"系列》（项目编号：20153200）作品之一

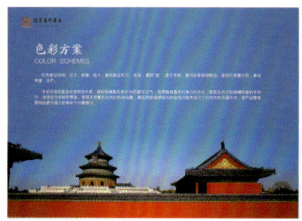

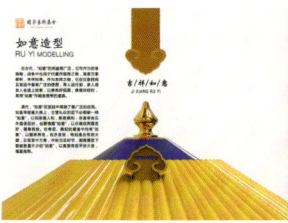

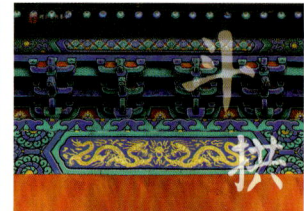

图2-3-27　祈福年丰茶具　王俊涛设计（续）

国家艺术基金青年艺术创作人才资助项目《"中国符号"系列》（项目编号：20153200）作品之一

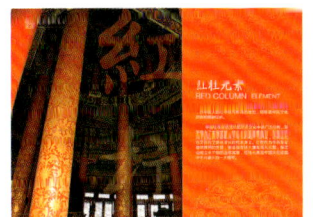
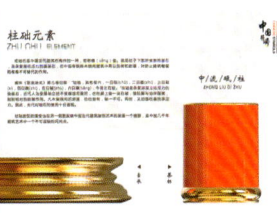
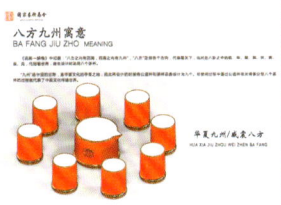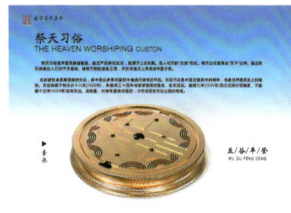
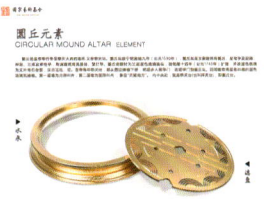

图2-3-27　祈福年丰茶具　王俊涛设计（续）

国家艺术基金青年艺术创作人才资助项目《"中国符号"系列》（项目编号：20153200）作品之一

第四节 项目训练——行

一、课程概述

（一）课程内容

文创元素在"行"中的体现，我们可以分为"安""休""娱""便""道"几个方面，需要强调的是，文化的创新概念在出行产品上的体现不只在功能上，也在使用者或周围人群的心理变化上，从心理变化外延到实用功能，这对于文创的表现形式要求比较高，但大大地提高了产品的使用质量和内涵意义，不论是对产品设计者还是对消费者都是一大享受。本章节从日常生活中司空见惯的出行用品展现，到实现大众审美需求的第二层次产品，再到设计师和消费者共同认可的理想境界的第三层次，这贯穿了产品从必需品层次到体验化层次再到最后的产品高度自我实现形式，从人适应产品到产品适应人，设计顺从人到设计引领人，实现更好的生活方式（如图2-4-1所示）。

（二）训练目的

"行"是如今每个人生活中必需的部分，影响着人的日常生活的方方面面，只要人有行为活动，都涉及出行。通过对本课程的学习，希望学生了解并灵活应用设计基础知识于"行"的设计实训中。培养分析、洞悉、理解的心智思维，形成对事物特征的深刻把握，即富于理智的认识能力。培养开发想象能力，形成对未知领域的自觉探求，即创造意识。对"行"这一概念进行拓展延伸。

1. 传统思路

探索不同的出行产品设计所带来的文化创意设计体验，训练和培养学生在出行中可能使用的产品及其周边衍生品的设计创新，拓展设计思维与创意设计的新途径，从艺术设计的角度认识、掌握出行产品的创意文化，最后达到能独立构思，运用多种表达方式和设计手法设计出不同造型、功能且能为市场与消费者所接受的出行文化产品。

2. 拓展思路

在"行"基本概念范畴的基础上，在设计实践中去发现"行"元素的表现方式、探究以"行"为创意启发"原点"的发散性设计思路，抽离出"行"概念中的方式方法、载体、社会文化、传统风俗等元素，与相关产品进行"跨界""嫁接"组合、再设计，力求设计出具有"行"元素、符合时代发展趋势、适应人类生活方式，甚至引导时尚潮流、传播人类优秀传统文化的文创产品。

Christo 的设计名为 Funnycross 改造计划，他把斑马线比喻为"连接两岸的桥梁"，塑造个性十足的城市景观，让西班牙小镇 Orrelodones 的街头充满了艺术氛围。Funnycross 用醒目的颜色和几何形状，让人和车在等红灯的时候"有点事儿做"，就好像过桥之前，你可以先休息一下，在桥这边看看风景（如图2-4-2所示）。

（三）重点和难点

文创产品不仅要强调使用者的体验，更要让使用者乐在其中，作为商品让消费者眼前一亮，过目不忘，比较明显的是旅游文化纪念品和出行必备品，如何让你的产品在众多的同类产品中脱颖而出，这体现在产品的造型表现新颖性和功能表现创新性。

（四）作业要求

出行是人正常生活中必不可少的一部分，人的社交、学习、经历都需要"行"作为行为支持。同时，"行"像"衣""食""住"一样，都形成了

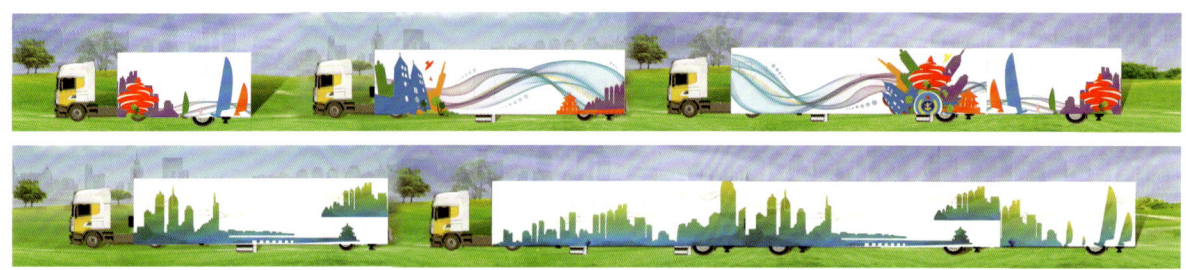

图2-4-1　中集集团集装箱"青岛城市主题"创意涂装　王俊涛、肖飞设计　2016年

自己独特的元素文化。我国古语也有"三人行，必有我师焉""千里之行始于足下""三思而后行"等名言名句，不止是单纯的出行，更是做人做事必要的经历与过程。利用"行"的元素，考虑"安""休""娱""便""道"的引申元素，即安全、安逸、休憩、娱乐、方便便捷，最后升华到精神层次的道理，行为品德。

（1）设计灵感来源，设计的产品；
（2）造型、色彩、材质等各种要素的具体方案；
（3）设计理念、所要表达的思想。

以PPT形式上台宣讲分享产品设计过程及成果，汇报分享产品报告书，打印纸质版形式提交最终作业。

（五）时间要求

课时建议6课时，其中：主讲理论2课时、安排设计主题，课下收集资料及设计思路。设计草图讨论、修订细化2课时，课下完成课题PPT（调研报告、设计思路、设计过程、设计成果展示）。最终设计作品汇报分享、评述2课时。

二、设计案例

（一）行元素的文创设计（传统思路）

本节内容主要探讨传统意义上的出行方式以及出行用品，选取了日常生活中常见的自行车、滑板、木屐、旅行箱、背包、钱包、腰包、雨伞、挂件、登机牌、帽子、密码锁、旅行箱保护套、眼罩、帐篷、旅行水杯、口罩等出行用品的设计为例，详细展示了传统出行方式中的文创设计。

1. 出行方式及周边

传统观念认为：出行方式是指汽车、人或货物从出发点到目的地的移动方式。随着人们移动的距离或目的改变，出行方式也分为许多种类，不同的环境下选择不同的出行方式已成为人们的共识。

（1）自行车、自行车道

作为曾经的"自行车王国"，自行车一直是我国国民出行方式中比重最高的方式之一，也是现代"绿色出行"的重要方式。下面两组设计，让带有传统笨重形象的自行车都焕发出了新的时代色彩（如图2-4-3所示）。

图2-4-2　Funnycross改造计划，Christo设计

图2-4-3　名字自行车　Juri Zaech设计

图2-4-4　luminophores　TPA Sp.z.o.o.设计

由TPA Sp.z.o.o.设计的自行车道luminophores其巧妙的照明方式，让人眼前一亮。考虑到夜间骑行者的安全，这条自行车道利用了太阳能，使用了一种特殊的材料luminophores。这种材料是一种磷光体的晶体颗粒，通过白天的日照充能，在夜间可以持续发光10个小时（如图2-4-4所示）。

（2）儿童沙滩木屐

夏天在海边踩水是一项非常休闲惬意的活动，作为孩子来说，能在沙滩上留下脚印是一件神奇而美妙的事情。夏日海滩戏水，走过沙滩定必留下一串鞋印。看着千遍一律的鞋印，日本Kiko+工作室的设计师Kaz Shiomi设计出这双名为"Ashiato"的儿童沙滩木屐。Ashiato在日文里面代表脚印的意思，Ashiato木屐最特别的地方是鞋底有着不同动物脚印的图案，穿着木制的Ashiato在沙滩上走动的时候，留下的会是一串串可爱的卡通造型动物脚印，童趣十足，一定可以获得小朋友们的欢心（如图2-4-5所示）。

（3）滑板

滑板是现在潮流青年喜爱的出行方式之一，他们为了张扬自己的个性不断去改装它们，为了能够在人群之中展现一个不一样的自我。这些滑板的设计体现出了在设计者心中的个性是什么样子（如图2-4-6所示）。

（4）登机牌

登机牌是机场为乘坐航班的乘客提供的登机凭证，近年来，登机证的印制更加精美，背面还出现了不少广告内容，成为了引人入胜的集藏品种。具有文化元素的登机牌不仅可以代表一定的地域风采，更可以提高辨识度、不易丢失、混淆（如图2-4-7所示）。

2. 出行收纳及周边

"收纳"指将物品收集并留下的一个过程。人们出行之前都要将出行所需的用品收纳在一个合适的容器内方便出行携带。依据用途和需求不同，出行收纳工具也多种多样。

（1）箱包设计

箱包是现代生活中人们出行的必备产品，近年来不论从功能上还是外形上都创新不断。具有文化元素的箱包在同类众多产品中尤为突出，在造型和配色上散发着独特的魅力，吸引了大批的消费者（如图2-4-8至图2-4-10所示）。

（2）儿童旅行用品设计

近年来，随着旅游事业的发展，越来越多的家庭会在空闲时间结伴出行。儿童作为一个非常独特的消费群体，追求趣味是十分关键的。针对儿童所设计的旅行用品，大多都符合孩子天真烂漫的想象，具有趣味性（如图2-4-11所示）。

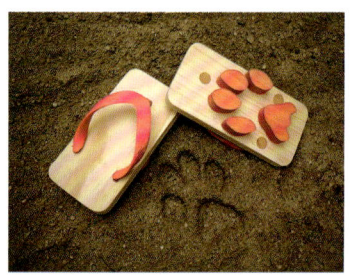

图2-4-5 "Ashiato"的儿童沙滩木屐 Kaz Shiomi设计（日本）　　图2-4-6 滑板设计 灌木文化

图2-4-7 女王头像刺绣登机牌（中国台湾）　　图2-4-8 故宫门钉双肩包 曹小兰设计　　图2-4-9 炫酷的穿山甲背包

图2-4-10 箱包设计 灌木文化

图2-4-11 小朋友不跟丢的拉手包

图2-4-12 Trunki儿童趣味行李箱

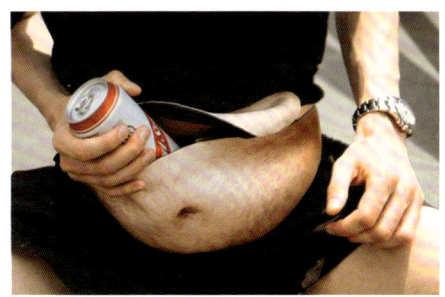

图2-4-13 大肚腩包 Albert Pukies设计

图2-4-14 OMISE PARCO 寿司行李套 日本

图2-4-15 创意头盔设计 good工作室（俄罗斯）

Trunki儿童趣味行李箱是世界上第一款坐骑式的旅行箱，荣获2007 IF设计大奖，可为亲子旅行增添更多乐趣，预防儿童外出时的无聊。具有18公升大容量，有足够的空间放置小朋友心爱的玩具和物品。还可以当书包使用，可有背、拖、提多种方式（如图2-4-12所示）。

（3）腰包、钱包设计

在短距离出行时，人们习惯选用小一点的腰包或钱包来携带少量随身必备物品。这类收纳用品十分轻巧便携，并且容易体现个性，深受消费者喜爱（如图2-4-13所示）。

（4）出行收纳的附属用品

在使用出行收纳用品时，需要一些附属用品来完善出行收纳物品的安全性等附加属性。同时更加完善了产品用途和产品价值（如图2-4-14所示）。

3. 出行防护及周边

随着日常出行的增多，出行安全越来越成为人们关注的焦点。出行防护用品应运而生，成为人们日常出行的必需品。

（1）头盔

头盔是运动及使用交通工具时常用的物品。它具有保护人的头部安全的作用，同时也可以起到装饰作用。

（2）雨伞

雨伞是人们生活中的必需品，随着生活质量的提高，还具有一定的趣味性和人性化元素（如图2-4-16至图2-4-19所示）。

（3）口罩

空气质量不断恶化，越来越多的人，对口罩这事儿开始热衷了起来。在雾霾面前，我们需要这些有创意、有趣味性的口罩。笑对恐惧，一切都没有什么好怕的（如图2-4-20所示）。

4．出行休息及周边

出行过程中难免会出现疲惫的状态，这时我们的身体就需要休息，通过补偿水分或补充睡眠等方式快速让身体恢复状态，出行休息及其周边产品显得尤为重要。

（1）水杯

即便出行在外，我们也离不开饮水需求。而出行所用的水杯需要同时具备方便携带和饮用、密封性好、防摔防裂等本质功能，其造型也要有辨识度、有趣味性才足够吸引眼球。具有文化元素的水杯产品巧妙地做到了这一点（如图2-4-21、图2-4-22所示）。

（2）帐篷

帐篷是撑在地上遮蔽风雨、日光并供临时居住的棚子。亲近大自然的属性使得它近年来越发受到旅行爱好者的喜爱和追捧。具有独特造型的帐篷不仅可以让你爱上野营，更能使你的旅途充满乐趣、充满回忆（如图2-4-23至图2-4-25所示）。

（3）睡袋、颈枕、眼罩、帽子

睡袋、颈枕、眼罩、帽子等物品，都是能满足人

图2-4-16　带观察视窗的雨伞

图2-4-17　白菜元素雨伞

图2-4-18　Sword Handle Umbrella 剑伞

图2-4-19　纽约大都会博物馆纪念礼品　路易斯　蒂法尼折叠雨伞（美国）

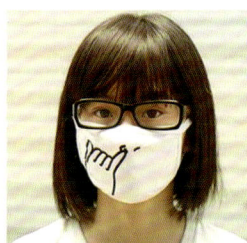

图2-4-20　颜文字口罩

图2-4-21　运动水杯

图2-4-22　HYDAWAY 折叠水杯

图2-4-23　FieldCandy帐篷　FieldCandy 公司（英国）

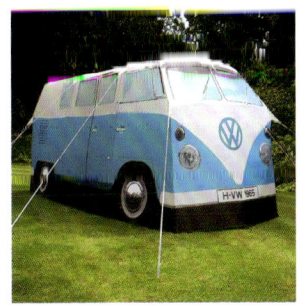 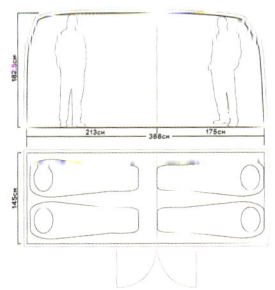  

图2-4-24　大众露营车帐篷　　　　图2-4-25　FIELD CANDY HOLD YOUR HORSES儿童帐篷　　　图2-4-26　"超级英雄"睡袋 Selk'bag MARVEL设计（智利）

图2-4-27　台北故宫纪念品　坠马髻颈枕（中国台湾）　　　图2-4-28　沉睡的毛利小五郎　眼罩（日本）

图2-4-29　Bearded Knit Beanie Hat　大胡子针织帽　　　图2-4-30　猫咪眼罩

图2-4-31　汽车造型转笔刀　品牌：得力文具　　　图2-4-32　自行车披萨刀　品牌：DoIY　　　图2-4-33　汽车造型卷尺　品牌：TEOIKA（德国）　　　图2-4-34　用四个"轮胎"组成的杯子

们在特定情况下休息需要的产品。这些产品作为一种保障，使人们在户外难以预料的复杂条件下能够得到良好的休息（如图2-4-26至图2-4-30所示）。

（二）出行优化设计作品（扩展思路）

随着科学技术的不断进步，人们的出行也越来越方便快捷，出行的元素也被应用在各式各样的领域内，将出行元素与现代产品设计融合，能够增加现代产品的趣味性，增强人们的购买欲望。

1. 工具类

工具是人们在达成某一件事情所需要借以帮助的东西，是人们生活中必备且常用的东西；将出行元素融入工具中，可以使工具在具有功能性的同时增添趣味性（如图2-4-31至图2-4-34所示）。

现今喵星人、汪星人一直很流行。而在夜晚遛狗一定要注意安全，尤其是那些喜欢四处乱逛、十分不安稳的汪星人。这是一款LED狗背带，极大提升辨识度，让主人、行人以及过往车辆清楚看到，能省去不少麻烦（如图2-4-35所示）。

2. 家具类

广义的家具是指人类维持正常生活、从事生产实践和开展社会活动必不可少的一类器具。而狭义的家具是指在生活、工作或社会实践中供人们坐、卧或支撑与贮存物品的一类器具。家具是随着时代的发展所产生出的不同文化的产物，每个时期的家具风格都可以体现出文化的烙印，如明代家具。将出行元素融入家具产品中，使家具产品不仅具有文化的烙印，还能展现出现代设计风格（如图2-4-36至图2-4-38所示）。

3. 服饰类

服饰是装饰人体的物品总称。包括鞋、包、帽、手套、围巾、发饰等。对于新事物认识的不断进步，服饰的材质，样式也变得多种多样。将出行元素融入样式丰富的服装产品当中，为产品增加了趣味性，还有一些美好的寓意（如图2-4-39至图2-4-41所示）。

4. 电子类

随着互联网时代的快速发展，人们的生活越来越离不开电子产品，人们会随身携带U盘，手机等电子产品，将出行元素融入电子产品中，能使电子产品的造型更加多样化，增加电子产品设计的现代感，引起人们的购买欲望（如图2-4-42、图2-4-43所示）。

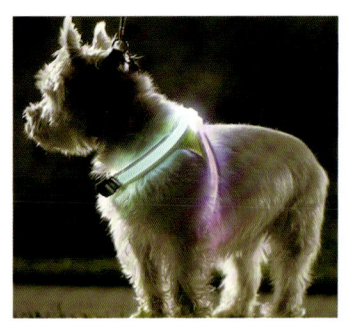

图2-4-35 LED狗背带

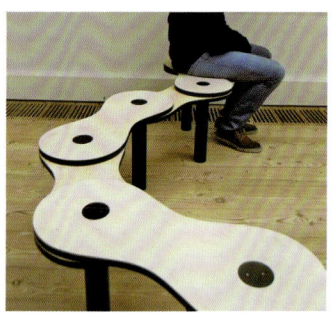

图2-4-36 链条凳 Kerstin Kongsted（丹麦）

图2-4-37 "链条"灯

图2-4-38 轮胎椅子 d-vision工作室

图2-4-39 轮胎造型的书包

图2-4-40 汽车造型背包 品牌：布奇里尼

图2-4-41 方向盘造型的袖扣

图2-4-42 手袋 IPOD便携音箱 Yoshihiko Satoh（日本）

图2-4-43 汽车造型U盘 Zerobasic公司

三、知识点

1. 行之——"安"

关于"行"中所研究的概念"安"具有多层含义，首先是"安全"，安全对于出行必定是首要注意因素，安全体现在出行时对于乘客生命、财产安全的保证。驾驶者对于传统文化的信仰或美好诉求，就像司机驾驶室后视镜上悬挂护身符念珠等，是文化对于出行习惯的直接体现。另外可以解读"行"概念中"安"的另一层含义即"安静"与"安逸"，作为社会文明程度的重要体现之一，公共场所的人群的"噪音"及"无秩序"，成为一定困扰。特别是在出行过程中，旅客急切赶车的心情、匆匆的脚步或是车辆行驶中，如何不被周围的嘈杂所影响，保持平和的情绪、愉悦的心情，显得得尤为重要（如图2-4-44所示）。

在文创方面的体现在于保证乘客出行时的安全规范，对于乘客的正确出行方式引导，在较为生硬的安全法律法规、安全注意事项上让人容易接受，易于养成驾驶与出行的正确习惯。同时也可作为一种必要的工具，在安全提示、安全保障、紧急处理中起到作用。例如机车爱好者的头盔护具和国内非机动车的头盔护具，中国自行车保有量世界第一，加之电动车的发展，道路上越来越多的非机动车，但是驾驶者有戴头盔的少之又少，这对道路交通安全产生了很大的隐患，如何提高人的道路安全意识，不仅要靠法律法规的约束，也要通过设计的手段让人主动佩戴头盔护具，在出行工具上做好创意（如图2-4-45、图2-4-46所示）。

2. 行之——"休"

人们出行时一般需要休息，注意缓解疲劳。"休"包含生理和心理两个方面，休息作为出行，尤其是长途旅行的必备环节，是出行者必须考虑的元素，主要分为两种形式：一是出行旅途中；二是每天必要的休息时间。出行时的交通工具都能为出行者提供独立的休息空间，但因为环境较为喧闹复杂，会对休息者产生打扰。如何让大家互相尊重，为每个人提供良好的休息环境，一些必备的休息物品加入文创元素可以起到一定的作用，例如：仙人掌形状的耳罩，让其他人看上去产生一种畏惧感，不敢打扰休息者的正常休息；可爱的帽子充当眼罩，让人不忍心打扰（如图2-4-47、图2-4-48所示）。

图2-4-44 "出入平安"琉璃挂件、"如意"崂山香道挂牌 柴荣国设计

图2-4-45 Light Mode 头盔

图2-4-46 自行车表情指示灯

图2-4-47 sleepy hat睡意惺忪的可爱帽子

图2-4-48 仙人掌耳罩 王俊涛设计 李昀清制作

必要的休息场所是为出行在外的人必要的考虑因素，现如今的休息场所加入了许多文化元素，也出现了很多形式，根据旅行者出行中的不同需要，可以提供不同价位和不同形式的休息场所。比较有代表性的，旅途中为司机提供方便的汽车旅馆，专门为出行年轻人提供的青年旅社、太空舱，再到价位较高、体验较好、适合在旅游区的特色民宿的设计（如图2-4-49所示）。

民宿的文创设计行动就是搭建起传统文化与时尚设计的立交桥。近年来旅游业井喷式的发展，给旅游文化市场带来了前所未有的压力和动力。许多本土优秀设计团队积极参与到民族文化创意设计中去，合理地挖掘和吸取可用于文创开发的元素，把传统文化和民族特色注入到时尚设计中去，开启传统艺术融于现代生活文创理念（如图2-4-50所示）。

3. 行之——"娱"

"娱"即娱乐。长时间的出行，如何打发无聊的时间成为一大难题，这也成为设计师的机遇。旅途中不论驾驶员与乘客都会有身体和心理上的疲惫感，表现在身体上的不适和情绪上的焦躁。随着物质文明的进步，人们对产品精神附加层面上的价值取向更进一步。生活节奏的加快，也需要休闲娱乐的缓冲。趣味化产品在此背景下应运而生。为了更好地认识和设计趣味化产品，要从产品的形态和功能角度出发对趣味化设计方法进行探究。

通过"娱乐"来消除这些不好的情绪再合适不过了。出行的娱乐方式很多，如在移动设备上下载音乐、电影和游戏，通过娱乐来消除路途上的乏味、疲劳和烦躁，甚至产生快乐。又如驾驶员常通过听广播收音机等方式缓解疲劳。此外，因年龄、性别等因素，个体出行的快乐也是五花八门。例如：为学步儿童设计的童鞋，落地挤压会出现响声，增加产品的乐趣，使鞋子就像玩具一样，促使孩子积极学习走路。

"footprint"伞托的设计，让雨伞在不使用状态下产生小情趣体验，使用"footprint"时，可以在雨后的路面或泥土上压出可爱的足迹，就好像正有小动物陪伴着你散步。此外，脚垫还有防滑设计，让雨天行走时变得更安全（如图2-4-51所示）。

4. 行之——"便"

"便"主要指"便利"，便利的作用就是能使在外的出行者有最强烈的出行差异体验，这种体验不只是对于各种方便式产品的对比，使用者更习惯于对这些便携产品与传统的家居产品做比较，这对于设计者来说，是一个潜力极大的模块。在消费者固有的思维里，谁能突破像"颈枕""榨菜""方便面"这种思维定式，其产品就能更容易让消费者所接受，可以对"现实实体"与"虚拟实体"进行针对

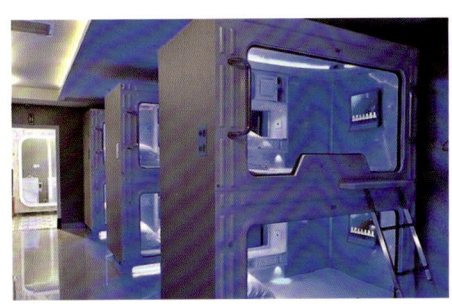
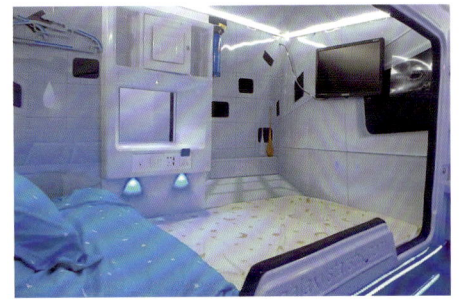

图2-4-49　年轻人追捧的"太空舱"旅店

图2-4-50　特色鲜明具有文化元素的民宿

图2-4-51　foot print "脚印"创意元素伞托

图2-4-52 狗粮包装再利用设计 王煜灼设计

图2-4-53 寿司包装设计 张伟设计

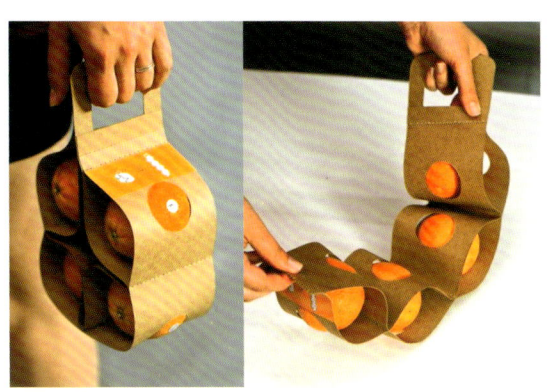

图2-4-54 便携水果包装 可撕拉设计

图2-4-55 外带包装设计

性的设计,"现实实体"如食品的便携式包装、便携式餐具,便携式交通工具,文化创意背包等;"虚拟实体"包括手机游戏、虚拟APP软件等(如图2-4-52、图2-4-53所示)。

便携性的产品,是在人文关怀的引导下注重体积迷你、外观精致、结构易携、组合便易、最大限度引起消费者感官注意与刺激,以形成"引起注意""激发兴趣""产生欲望""购买行为"的连锁效应。

包装不仅仅是盛装物品的容器,更是与消费者情感交流、拉近距离的载体。要更加注重消费者的情感需求,在设计上着重体现与消费者的精神互动,由于生活压力和快节奏的工作模式,外出出行已经成为多数人减压的方式之一。对于经常外出的人群来说,便携性的包装,体积小、便于携带,能够达到一种"招之即来,挥之即去"的境界,不给消费者带来身体及心理负担。更重要的是,便携包装不仅能打破旅游路途及户外饮用条件的限制,更能为消费者生活习惯提供保障(如图2-4-54所示)。

外带式包装很好的例子就是各种创意和设计用心的外卖包装,商家在食品方便运输的同时也用文化创意设计想给顾客留下深刻印象,留住回头客,同时实现好的品牌宣传(如图2-4-55所示)。

同时,线上的诸多便捷出行平台,美团、携程、飞猪等线上App为众多出行者提供更多的选择和更好的信息共享平台,刺激了消费而且为出行者提供了更好的旅行体验。App的产生与发展依赖可随身携带的电子类产品,通常将移动设备界定为手持式屏幕终端,如手机、平板电脑,用户借助手机检索时输入关键词,可通过电子地图找到住宿和餐饮店铺的精确位置,满足不同阶层消费者的个性需求。用户在使用智能终端产品查信息时需要先滑屏解锁,然后切换到App界面找寻旅游行程安排,在整个交互过程中可以将其分解为用户操作和界面反馈。App界面风格既符合旅游服务的文化定位,又迎合不同目标用户群体的偏好,引导用户顺畅地理解和认知,也是文化宣传再好不过的手段。

5. 行之——"道"

好的设计可以提供给人好的体验,可以感动用户，更能让人在使用过程中养成一个良好的行为方式，提供更好的沟通与交流，使人能在产品上学习甚至有意识层次的提升，"出行"层面也是如此。根据马斯洛需求层次理论，可知消费者对生活的追求，不单单停留在生理需求的单一层面上，自我精神的追求与体现也不容忽视。精致生活，体现在每一个细节。精致生活要求精致产品的陪伴，满足与用户的精神交互，实现与消费者零距离沟通与交流。

设计的终极目标在于影响人的行为、改变人的生活。在市场的探索中求得功能性和逻辑性统一的商业与企业办公空间设计策略与解决方案。这样的探索不局限于设计师的工作范围。红点设计奖创始人彼得·扎克说，"设计师给出解决方案时发现，他们并不是给出问题的人。这是艺术与设计的不同。""设计不是为设计者存在的，它是为了使用者，这中间的差别很大。"

四、实践程序

本节以王俊涛主导，由张进凯、刘同帅协作设计的"向前进"出行用品为例。"向前进"系列作品将红色革命精神融入到了日常生活中的紧身衣、短裤、臂包、护臂、帐篷、运动包、导汗带、头巾、帽子、手套、运动手环、水壶、毛巾等产品之中，激励人们铭记革命历史，传承革命先烈"向前进"的冲劲，鼓舞使用者"向前进"的勇气。

1. 理解课题

"行"的产品固然很多，但是具有文创元素的较少。具有其元素的产品既不生硬又不会让消费者感到多余，恰恰是这些文创元素给出行产品灵魂，给予产品意义，增添文化附加值。为了进行针对性的引导，本节以《"向前进"系列出行产品》为例，以口号的元素进行关于出行产品的设计。

2. 市场调研

在出行产品中运动类的市场上，最好的案例莫过于阿迪达斯、耐克品牌文化元素注入。比如耐克公司篮球鞋加入各个城市元素的产品。不只具有装饰创新性，更多了一些文化收藏价值。阿迪达斯也针对中国的生肖元素，每个新年在运动衫、运动鞋中加入相应的形象。另外，运动品牌也会和足球篮球俱乐部等合作，做出一系列的球迷产品，如同款球衣，俱乐部LOGO运动水杯，纪念用球等产品。既增加了品牌价值和市场竞争力，又让消费者追捧欢迎。

3. 概念提炼

世界上很多具有代表性的文化，像中国传统文化、城市文化、运动文化、球迷文化、电影文化等，不同文化具有其代表性的元素符号。传统文化中的剪纸、中国结，城市文化中的建筑、美食等，球迷文化中的看台、tifo等（"Tifo"是一个在体育圈的专有名词，在球迷文化里指可覆盖看台的大型横幅或拼图，常常用于重要比赛以及关键战役中，是球迷标志对所属俱乐部支持的重要工具。也是威慑客队极佳的视觉震撼武器。在球场上看到的巨型球衣、旗帜、拼图、横幅、画像等都可以叫做tifo）。将不同文化进行头脑风暴，然后选出具有中国代表性、宣传意义好的文化，我们选出来最具有影响的红色文化。

4. 概念方案

近些年，运动产品一直在向更具人性化的方向发展，注重用户审美和先进功能成了两大要点，在外观上，每年运动品牌的公司会制定当年的流行色和代表产品。根据市场调研，我们的设计方案需要做出有文化代表性，尤其是具有民族文化代表性，元素背后有故事的有感情的产品，并将元素通过不同的形式放入不同的出行运动产品中去。

5. 发散型想象

红色文化对于我们来说是再熟悉不过的，耳濡目染的革命熏陶，不止让我们缅怀革命先辈的英雄精神，更能激励每个人生活中的点滴行动，诸多的革命口号，如"风景这边独好""英雄永远在我心""向着社会主义前进"等。红色形象元素如五角星等。

6. 草图发想

在诸多红色标语中选取了口号"向前进"，这表达着每个人对自我行动的激励和对于中华民族伟大复兴的期望。颜色主打红色，象征着中华民族的朝气与伟大魄力，文字元素采用"向前进"三个字，既是口号、标语，也可以作为一个logo，放入产品中既有红色元素，又有激励使用者的效果。图形选取五角星，造型独特又具有很大影响力，有很强的文化代表性。并结合到像运动水杯、头巾、运动毛巾、运动服等产品实物中去。

7. 设计深化

在如何将"向前进"、五角星、红色元素结合并放入产品中的这个问题上，首先在配色方案上，以红色为主，白、黑色为辅，美观鲜艳。产品中主要部位的装饰元素利用五角星图形，以不规则排列作为装饰图案。将标语"向前进"作为背景装饰元素，与配色、装饰纹样形成三个层次，并作为标志性的LOGO。

8. 方案评估

产品初步形成后，需对产品进行使用体验，在不同年龄阶段、不同人群中进行产品的使用评估，针对评估结果整理评估文案，同时针对旅游区，尤其是红色旅游区以及各地的商场专区做调研，并在消费区进行试验销售，完成销售调查评估，将使用评估与销售评估，交由评估专家评估产品，进行相应的改进，在反复评估直到产品达到市场和消费者要求后投入市场。

《向前进》系列产品表现红色革命文化的元素表达清楚，宣传效果强，承载物体市场使用率高，且消费者喜爱样式的变化和不同体验，同一元素在不同的产品上横向表达，针对范围广，使用体验好。

9. 设计完成

案例展示（如图2-4-56至图2-4-68所示）：

图2-4-56 "向前进"元素组合及配色方案

图2-4-57 "向前进"紧身衣

图2-4-58 "向前进"短裤

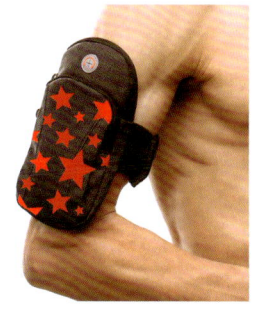
图2-4-59 "向前进"臂包

图2-4-60 "向前进"护臂

图2-4-61 "向前进"运动包

图2-4-62 "向前进"帐篷

图2-4-63 "向前进"导汗带

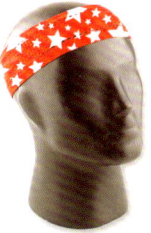
图2-4-64 "向前进"头巾

图2-4-65 "向前进"帽子

图2-4-66 "向前进"手套

图2-4-67 "向前进"运动手环

图2-4-68 "向前进"毛巾

第五节 项目训练——文

一、课程概述

（一）课程内容

"文"在本书中主要讲的就是文化学习用品，本章节从"形""色""意""妙""境"五个方面入手进行设计思考阐述。文具按照功能划分，大体上可以分为四大类：学生文具类、办公文具类、绘画用品和礼品文具类。传统的文具指的是笔墨纸砚等用于作书画诗文和学习的物品，是笔、墨、纸、砚等文化用品的总称。随着时代的变化，文具产品越来越多样，除去传统的笔墨纸砚，它的释义还包括如签字笔、水笔、钢笔、铅笔、圆珠笔等，以及笔筒等配套用品等。还有其他办公用品，包括办公用纸、裁纸刀、尺、笔记本、文件袋、文件封套、计算器等还有一些作为礼品赠送亲朋好友的文具（如图2-5-1所示）。

（二）训练目的

随着文具行业的发展，文具在当今社会运用越来越广泛，不论规模大小，常用范畴，文具用品已经成为不可缺少的物品。近些年，文具生产企业越来越注重新产品开发，文具产品追求的不仅是花哨的外表，更在乎的是新颖、创意和超前的市场价值。文具产品发展的趋势主要朝着多功能化、高档化、简洁实用化、玩具化方向发展。设计出来的产品能够符合现代人对高标准生活的追求。所以我们在进行文具设计训练时，应着重以下目的：

1. 传统思路

探索不同的文化用品设计所带来的文化创意设计体验，训练和培养学生在文具及其周边衍生品等方面设计创新的能力，拓展设计思维与创意设计的新途径。创造美并由此引导设计创意的联想，通过拓展设计将创作灵感延伸为更多风格或富含创意元素的周边衍生品设计。从艺术设计的角度认识、掌握文具设计的创意文化，最后达到能独立构思，运用多种表达方式和设计手法设计出不同性别、年龄、职业，不同造型、功能且能为市场与消费者所接受的文具文创产品。

2. 拓展思路

在"文"基本概念范畴的基础上，在设计实践中去发现"文"元素的气质与精神、探究以"文"为创意启发"原点"的发散性设计思路，抽离出"文"概念中的典故、名言警句、风俗礼仪等元素，与相关产品进行"跨界"、"嫁接"组合，再设计，力求设计出具有"文"元素、符合时代精神诉求、适应时代审美、具备良好人文情怀、传播人类优秀传统文化的文创产品。

（三）重点难点

重点：设计出具有文化内涵的文具产品。

难点：文具的种类繁多，档次也相差非常大，是非常考验学生审美能力的。

（四）作业要求

中国是文明古国，在漫漫历史长河中文化教育一直受到重视及系统传承。自古就有"金榜题名""鱼跃龙门""五子登科""孟母三迁""悬梁刺股""集萤映雪""闻鸡起舞""凿壁借光""截蒲为牒""三余读书""临池学书"等典故。请以上述任一中国著名典故为灵感来源，设计一款文具类文化创意产品，使其符合现代流行趋势且具有较强实用功能，并配设计构思说明。设计构思内容需包括：

（1）设计灵感来源，设计的产品；

（2）造型、色彩、材质等各种要素的具体方案；

（3）设计理念、所要表达的思想。

以PPT形式上台宣讲分享产品设计过程及成果，汇报分享产品报告书，打印纸质版形式提交最终作业。

二、设计案例

（一）书写类文具

主要包括笔、橡皮、裁纸刀、剪刀、卷笔刀、

图2-5-1 "仁智山水"文房四宝 张焱设计

胶带座以及裁剪涂改类产品。

1. 笔，主要包含钢笔、圆珠笔、铅笔、蘸水笔、毛笔等产品（如图2-5-2至图2-5-6所示）。

2. 橡皮（如图2-5-7所示）

3. 尺子（如图2-5-8所示）

4. 刀剪类（如图2-5-9至图2-5-11所示）

5. 胶带（如图2-5-12、图2-5-13所示）

6. 便签（如图2-5-14所示）

（二）文件、图书类文具

主要包括书档、书签、书衣、文件夹、胶带、订书机、图钉、夹子、印章等。

1. 书签（如图2-5-15至图2-5-19所示）

2. 书档（如图2-5-20所示）

3. 文件袋（如图2-5-21所示）

4. 夹子（如图2-5-22所示）

5. 图钉（如图2-5-23、图2-5-24所示）

6. 书籍、本子（如图2-5-25至图2-5-27所示）

7. 信笺日历明信片（如图2-5-28、图2-5-29所示）

（三）收纳类

主要包括文具组合、笔袋、笔筒、书立、名片盒、便签盒、小物件收纳等。

1. 文具组合（如图2-5-30、图2-5-31所示）

2. 笔袋（如图2-5-32所示）

3. 笔筒（如图2-5-33、图2-5-34所示）

4. 便签盒（如图2-5-35所示）

（四）数码周边产品

主要包括优盘、鼠标、鼠标垫、充电宝等（如

图2-5-2 复古羽毛蘸水笔 La Kaligrafica

图2-5-3 美国纽约大都会博物馆 中世纪廊柱图案 滚珠礼品笔

图2-5-4 古柏钢笔 张焱设计

图2-5-5 胡子造型铅笔套

图2-5-6 草叶笔Zeup

图2-5-7 TOOTH牙齿橡皮擦 25logo

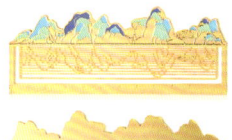

图2-5-8 青绿山水千里江山直尺 故宫博物院

图2-5-9 小鸟先生裁纸刀 木阳平设计（日本）

图2-5-10 匹诺曹转笔刀——设计品牌Kikkerland（美国）

图2-5-11 Desk Bunny Scissors 兔子收纳架（剪刀+曲别针）

图2-5-12 野生动物造型胶带 Luckies of London（美国）

图2-5-13 西泠印社七任社长福字创意胶带

图2-5-14 便笺纸 PA Design Mondrian

图2-5-15 Sticky Page Markers书签

图2-5-16 嫩芽书签 Bookzzi公司 韩国

图2-5-17 TACO-ASHI便签条 Re+g品牌（日本）

图2-5-18 哈利波特眼镜书签

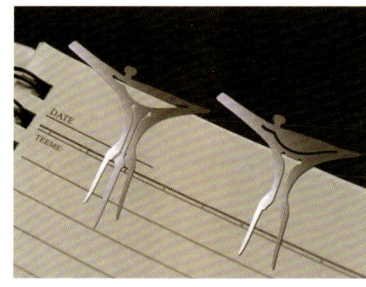
图2-5-19 山东省博物馆文化纪念品——书签系列 王俊涛设计 2012年

图2-5-20 Book & Hero书挡

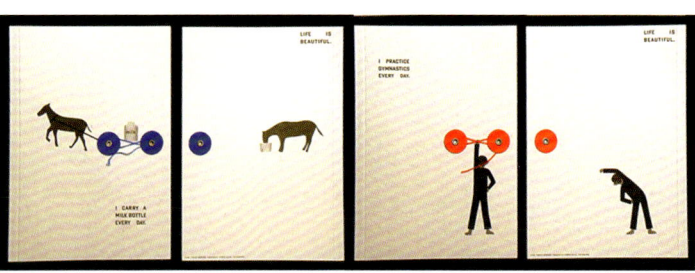
图2-5-21 创意文件夹搭扣 D-BROS（日本）

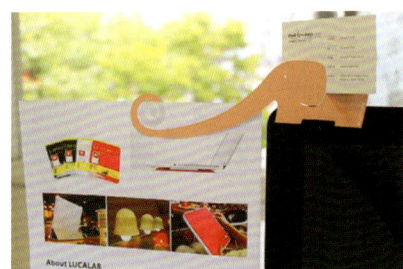
图2-5-22 长鼻子大象夹子（韩国）

图2-5-23 鱼子寿司大头钉——Fred & Friends

图2-5-24 太阳系图钉——Duncan Shotton（日本）

图2-5-25 限量贺岁版笔记本 九口山

图2-5-26 夹心饼干笔记本 Cookie Bookie

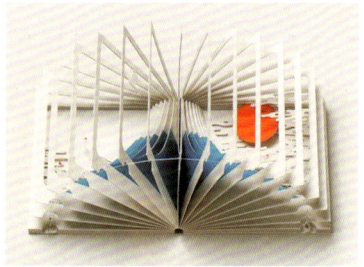
图2-5-27 以富士山和白雪公主为主题的立体书——大野友资（日本）

图2-5-28　妙手回春手撕老黄历　中国风日历　好东西

图2-5-29　海尔兄弟文创台历　王俊涛创意团队设计　2018年

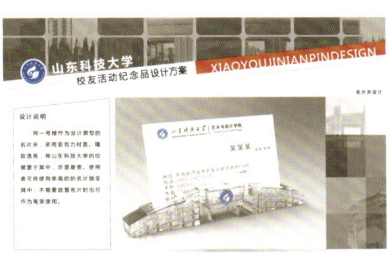

海尔台历

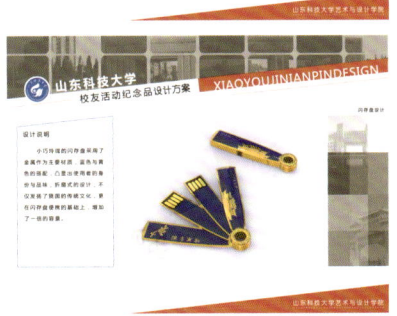

图2-5-30　山东科技大学校友活动纪念品设计方案　王俊涛　2012年

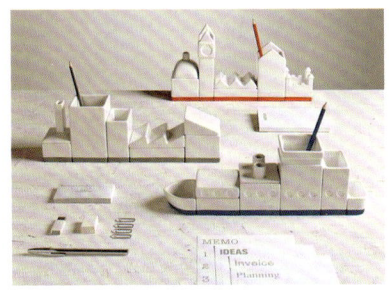

图2-5-31　创意模块化桌面整理收纳盒——Hector Serrano（意大利）

图2-5-32　吊床文具袋——hs² 设计工作室（韩国）

图2-5-34　Cubix Office Set盒子系列办公用具——Alexander Zhukovski

图2-5-33　铅笔花笔筒——Clive Roddy

图2-5-35 北极站趣味便利贴——MONKEY BUSINESS（以色列）

图2-5-36 知了优盘 张焱设计

图2-5-37 神龟鼠标 张焱设计

图2-5-38 海尔兄弟水果系列充电宝 王俊涛 设计2017年

图2-5-36至图2-5-38所示）。

三、知识点

1. 文之——"形"

"形"包括文具的造型和用于装饰产品的纹样。产品与人有着密切的关系，是人们生活中不可或缺的，将变化多端的图形通过重构拓展，应用于产品设计的基本要素中，无疑会使我们的产品设计更具特色，从而更符合客户市场和用户市场需要。产品设计本质上是对视觉元素进行艺术化创作的过程。因此，要掌控形态的不可控性、多维性、交互性、技术性和艺术性等特点，以生动活泼的视觉艺术形式，合理布置产品设计各种构成元素，以期产生强烈的美学视觉效果。

带有中国传统图形的产品也在不断地涌现出来，中国传统图案和纹样是中国传统文化艺术的一种，以人物、动物、植物、日月星辰、风雨雷电等自然现象、文字、神话传说、民间故事和谚语等为题材，运用谐音寓意、象征、会意和吉祥用语等不同手法来绘成图像纹样，表现人们美好的希望和愿景。它与中华民族的文化心理及情感表达方式有着密切的关系，是图形和吉祥含义通过一定的美的形式的结合。中国创造的核心理念，也必将带动和传播更多的富有中国传统美学的现代产品设计。

如图2-5-39所示，本品采用树脂制作，人物脸手绘而成。极具中国地域特色，既是实用的圆珠笔，又可做装饰品摆放于书架，实用美观。

纵观现代元素的产品设计，不难发现，也有许多产品中已经将产品和图形融为一体。在当前的文具市场，无论是走进文具专卖店，还是走进大商场的文具卖场，与其说买文具，不如说是买工艺品更恰当。工艺设计师们展开想象的翅膀，为原本普普通通的一件用品赋予了千姿百态的美丽，这就是产品设计的魅力所在，为一件普普通通的东西加上设计的语言之后产品就会焕然一新。如今，仅小小的转笔刀花色品种就有无数个。有动物造型的，乖巧可爱；贝类造型的，精巧别致；还有各种各样的工艺造型，使文具不仅为孩子们所喜爱，就是大人们见了也忍不住购买的欲望，作为工艺品收藏（如图2-5-40、图2-5-41所示）。

2. 文之——"色"

"色"是指颜色在文具设计中的应用。在中国，颜色的发展过程非常漫长，最早发现的原始美术物是距今两万年前的洞窟岩画，标志着人类已经用色彩装饰自己的居住场所，用色鲜明浓烈，饱含着原始人类特有的生命力和艺术感染力。中国起源于商代的"五行论"认为，世界是由火、土、金、木、水五种物质构成，是最早的、单一的唯物观点。而古代中国的"五色论"则是建立在"五行论"的哲学基点，并与"五方"（青色—东方、赤色—南方、黄色—中央、白色—西方、黑色—北方）联结在一起，充满着唯心主义、形而上学的观点，为统治阶级服务。纵观中国封建社会的历史文化，劳动人民创造了闻名于世界、色彩缤纷的中国丝绸，色彩艳丽、栩栩如生的敦煌莫高窟壁画，享有盛誉、色彩斑斓的唐三彩、宋瓷、明瓷、清瓷，以及丰富多彩的民族、民间服饰和工艺品。这些都是中华民族历史文化的结晶和珍宝。中国画技法中常言"墨分五色"语出唐代张彦远《历代名画记》："运墨而五色具。""五色"说法不一，或指焦、浓、重、淡、清；或指浓、淡、干、湿、黑；也有加"白"，合称

海尔兄弟水果系列充电宝

图2-5-39 脸谱元素的创意设计笔

图2-5-40 松果转笔刀 白仁飞 设计

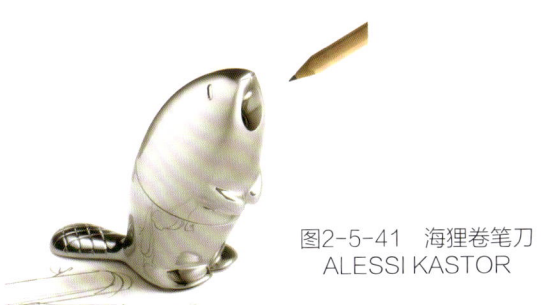

图2-5-41 海狸卷笔刀 ALESSI KASTOR

图2-5-42 写意山水粉彩瓷盖碗 王俊涛 绘 2018年

图2-5-43 法融便利贴——江苏瀚港文化发展有限公司

"六彩"的，实际乃指墨色运用上的丰富变化（如图2-5-42所示）。

色彩是人类视觉中最响亮的语言符号，有形就有色，在产品设计中形态和色彩都无法脱离对方单独存在。在商业中，色彩通过强调突出一些重点细节，可更清楚、更有效地传达产品的信息。在产品设计中能够合理应用富有个性魅力的色彩，不仅可以使产品脱颖而出吸引更多目光，成为关注的焦点，而且能够更迅速、更有效地向人们传递产品的信息。在文具设计中，好的色彩搭配可以激发消费者的购买欲望。

3. 文之——"意"

"意"可理解为两层含义：一是指意境表现；二是文创产品所代表的寓意。王国维也曾在《宋元戏曲史》中说："元剧最佳之处，不在其思想结构，而在其文章。其文章之好，亦一言以蔽之曰：有意境而已矣。"由此可以看出"意"是一切艺术的中心之中心，是构成作品艺术美不可或缺的因素。消费者可以通过产品了解到设计者的思想、情感和追求。在消费者、设计者和产品中架起了一座连接情感的桥梁。因此，优秀的产品设计是应该富有思想的。当下，每个人都向往内心的一份安宁，每个人在这浮躁的社会中都想寻一片净土，所以现在很多设计师都非常注重产品的意境美，在文具设计中更需要如此，优秀的文具设计可以让使用者能够沉下心全身心地投入学习中去，提高学习效率，把工作和学习当作一件愉悦的事情，从而爱上这件事情。

文具的基本功能作用是能够满足人们的学习工作需求，作为一个优秀的文创产品，不仅仅是在产品外观上进行改变，更应该以督促人学习工作为目的，文具的设计、文具的意境不仅仅体现在产品的外观设计上，更要延伸到内含意义上来表达，具有美好的寓意，甚至有提醒、警示作用。

如图2-5-43、图2-5-44所示，这款橡皮采用了和尚的一个形象，并且名字起得有寓意，"知错能改"橡皮擦，既体现了橡皮擦的功能又带有一定的警示作用。

"科举"始于隋朝，废于清末，1300年的科举考试，产生了700多名状元、近11万进士、数百万名举人。清代科考，大致分为童试、乡试、会试和殿

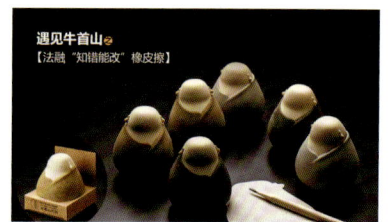
图2-5-44 "知错能改"橡皮擦——
江苏瀚港文化发展有限公司

图2-5-45 金榜题名笔——故宫博物院

图2-5-46 木"语"珐琅系列文房五件套——
匠艺

图2-5-47 木雕,《一夜成名》张小飞作
王俊涛藏

试四级。殿试由皇帝主试,分三甲录取。所以古人总结人生有四喜:久旱逢甘露,他乡遇故知。洞房花烛夜,金榜题名时。这款产品有着美好的寓意。对于需要面临"中考""高考"的学子及家长们,这无疑是很好的文具(如图2-5-45所示)。

4. 文之——"妙"

"妙"是指文具对传统手工艺的巧妙传承。中华传统手工艺带有鲜明的历史烙印,它创始于本民族祖先,带有自己民族的色彩。比如景泰蓝、木雕、刺绣、剪纸、竹艺等随着工业时代的到来,机器对手工业带来了巨大的冲击,导致中国很多传统的手工技艺濒临灭绝,然而,传统手工艺除了代表民间艺人数千年来勤劳和智慧的结晶外,还代表了中华民族的文化传承和脉络,值得后人重视、传承与发展。

(1)景泰蓝:学名铜胎掐丝珐琅,早在春秋战国时期就已经出现了这门工艺,并在明朝景泰年间达到了一个高峰,因此,后世以"景泰蓝"代称铜胎掐丝珐琅。新中国成立后,"景泰蓝"技艺几经波折,最终在一代才女林徽因等人的"抢救"下,得到了恢复。而今,"景泰蓝"作品不仅经常作为高规格的"国礼"赠送给外国政要,也逐渐受到寻常百姓的喜爱。

以黑檀与景泰蓝两种传统皇家工艺合作制作的现代文房系列五件套,由笔筒、收纳盒、手机座与名片座、名片夹与U盘组成。每一个产品的材质、造型与图案都经过精心设计,五种产品互不相同,却又相得益彰。无论从材质工艺还是造型图案都做到极致优美,为文房增添一份优雅。五个产品不同功能,一套解决现代办公多种问题(如图2-5-46所示)。

(2)木雕:木雕工艺的起源正是来自于"民间",早在"新石器"时代,便已出现了"木雕鱼"等样式简单的木雕工艺品。到了唐代,由于木雕佛像技艺的发展,推动了木雕技艺迎来发展史上的辉煌。而今,历经数千年传承的木雕工艺依然能够快速适应时代发展的步伐,实现产业化发展,从业人员也具备了一定的基数,大多数的传统技艺得到了很好的继承和发展。作为中国传统"民间工艺"的代表,又具备了一定的产业化规模,木雕工艺更应该值得越来越多的年轻人去传承和保护(如图2-5-47所示)。

(3)刺绣:刺绣是针线在织物上绣制的各种装饰图案的总称,距今至少有三千年历史。和陶瓷工艺品一样,丝绸也是闻名海外的中国三大特产之一,"丝绸之路"也是世界历史上著名的一条政治、经济、文化交流的通道。而今,国家提出"一带一路"战略,用丝绣技艺制作而成的丝绸工艺品必然首当其冲,成为新时代中国传统手工艺的代表(如图2-5-48所示)。

(4)剪纸:是中国最为流行的民间手工艺之一,具有广泛的群众基础。其视觉形象和造型格式,蕴含了丰富的文化历史信息,表达了广大民众的社会认知、道德观念、实践经验、生活理想和审美情趣。传统的剪纸艺术,凝聚着中华民族几千年来的历史和文化。它不仅寓意丰富,是一种喜庆、欢乐的表现形式,更多的是取材历史典故、人物故事、民间传说,记录着中华文明的历史脉络(如图2-5-49所示)。

(5)竹:自古以来便是文人墨客追捧的圣物,苏东坡的诗句"宁可食无肉,不可居无竹",可以想见竹子在人们心目的地位,因而也衍生出"梅兰竹菊"四君子的雅称,又有了"梅竹松"岁寒三友之称。古今庭园几乎无园不竹,居而有竹,则清气满院;竹影婆娑,姿态入画,清秀而又潇洒。中国是竹的故乡,竹与人类的文化生活结下不解之缘,在中华民族日常的衣食住行中,到处都有竹的倩影。中国竹文化中,重要的应该是竹子的审美价值。在中国人的心目中,竹子是高尚、坚贞和纯洁的象征。人们把"人格高尚的人"称为"君子","君子"的内涵就是来源于竹子。这是因为竹子的自然特征是空心、有节、坚韧、常青,所以用竹子来代表炎黄子孙谦虚的品格和坚贞的民族气节,可以说再恰当不过了(如图2-5-50、图2-5-51所示)。

5. 文之——"境"

设计是设计师的一种有目的、有意识的创制活动。人的生活世界构成了设计的本源,设计不仅为人提供一种生存方式,更从人的生活世界出发,为人提供可选择的生活方式。设计在改变人的生活方式的同时,也在创造新的生活方式,设计与人的生活方式相互影响、密切相关。所以一个优秀的产品设计不仅仅是能够满足人们的需求,更应该能改变人的生活方式,随着全球经济的高速发展,人类在发展经济的同时,对自然资源的肆意开发和对环境的无偿利用,已经造成了全球生态破坏、资源浪费和短缺、环境污染等重大问题。一股以保护环境、保护有限资源、保护人类自身健康为目标的绿色浪潮,正在全球兴起。在这绿色浪潮的带动下,相应的绿色产品的开发与设计方法也成为工业设计师们所关注的焦点。中国文具办公用品行业的发展尤为迅速,产品更新换代较快,文具行业作为国内迅速崛起的一个轻工产品,生产量非常大,所以设计师在设计文具产品时应该注意材料的可循环应用,避免污染浪费。

全球每年生产150亿支铅笔,却有几十亿铅笔头或断笔被扔进垃圾箱里的状况,麻省理工的三个学生设计了一款发芽铅笔(Sprout Pencil)。发芽铅笔的顶端有一个可降解的胶囊,里面放入各种植物的种子。这样在铅笔快用尽或者发生断笔的情况下,就可以直接将铅笔带胶囊那一端插入土壤里。这样用不了多久,废弃的铅笔就会长出各种花卉甚至蔬菜(如图2-5-52所示)。

图2-5-48 刺绣羊毛毡笔记本

图2-5-49 2018年五福临门台历 张进凯设计 王俊涛指导

图2-5-50 竹子钢笔 张焱设计

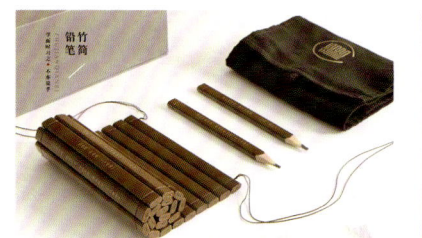
图2-5-51 竹筒铅笔 张焱设计

图2-5-52 发芽铅笔（Sprout Pencil）

图2-5-53 花色铅笔——TRINUS设计公司（日本）

来自日本的TRINUS设计公司设计的这款花色铅笔极大程度地遵从环保理念，他们没有像普通铅笔一样采用木材作为基本材料，除了基本的铅芯之外，它采用回收的废纸打造而成，既环保又有无限的创造性，设计师将这部分设计成五颜六色，在削铅笔的时候，就可以打造一朵又一朵缤纷的花朵。有趣的，它的笔芯和外面保持一样的颜色，笔屑还是书写出的字体都是满满的花色系（如图2-5-53所示）。

四、实践程序

《故宫印象办公文具》设计，该作品为王俊涛主持完成的2015年国家艺术基金青年艺术创作人才资助项目《"中国符号"系列》（项目编号：20153200）中的六套作品之一。

1. 理解课题

故宫印象系列办公文具是以故宫建筑为造型基础，将故宫的自然之美与历史内涵重现于生活之中。巍峨宫殿，四季变换，紫禁城之美，令人叹为观止。鲜明的建筑既给人精神享受又非常的具有实用性。

2. 市场调研

近年来，文具行业发展很快，文具公司如雨后春笋般崭露头角，目前我国文具市场的竞争主要还是集中在普通文具产品上，而这款故宫系列办公文具更加具有中国传统文化韵味和特色，更加富有内涵。

3. 市场针对分析

故宫印象系列办公文具主要包括文件夹和文件框、书立、便签纸盒、A4纸盒、笔筒、名片盒、手机架、书立架、镇纸、平板电脑架等物品，能够满足消费者在办公学习中的基本需求。随着现代生活的发展，文具产业的发展越来越壮大，对文具的需求也不单单体现在功能方面。在此案例中，文具与故宫建筑相结合，彰显了浓厚的文化底蕴，满足了消费者的精神需求。

4. 概念方案

（1）造型方案：文件夹和文件框的设计来源于故宫建筑"午门"；护角书立的设计来源于故宫"文渊阁"；便签纸盒的设计来源于故宫"体仁阁"；A4纸盒的设计来源于故宫"太和殿"；笔筒的设计来源于故宫"南书房"；名片盒/手机架的设计来源于故宫"乾清宫"；书立架的设计来源于"摛藻堂"；镇纸/平板电脑架的设计来源于故宫"神武门"。

（2）色彩方案：故宫是中国明清王朝的权力核心地区，其建筑是融注万众智慧的承载体，其所表现的凝练厚重使它占据了重要地位，因此将其作为设计元素极具中国特色。产品色彩主体选择了故宫中最具代表性的颜色——金色。故宫里厚重的金色以强烈的色彩与符号感，带给人磅礴浑厚的视觉冲击。

5. 草图发想（详见案例）

6. 设计深化

（1）文件夹和文件框

文件夹和文件框的设计来源于故宫建筑"午门"，文件夹的背板引用"门"的元素，形成左右两块，表面上将宫门上的门钉元素简化演绎成圆形作打孔工艺处理，侧板抽象化了城楼的飞檐斗拱，不仅使其具有更为鲜明的中国风格，还增加了使用方式。在功能上，前板是设计师从人性化角度出发，将午门的城墙微缩抽象化设计。侧板的屋檐凸起位置可以挂钥匙或小饰品，美观实用。背板的门钉形成孔洞可以用来将整个文件架悬挂至墙面上，既方便使用又可以缓解办公室空间的压力。鲜明的建筑美感既给人精神享受，又可以防止物品滑出，使用更加人性化。

（2）护角书立

护角书立的设计来源于故宫"文渊阁"，在提取"文渊阁"的建筑元素时，从中选取了将飞檐斗拱作为书立的顶饰、阁门抽象表现的方案，既使"文渊阁"的建筑艺术美感在最大程度上得到了体现，又兼顾了产品的功能性和实用性。支座的设计体现了整体感并兼顾实用性。

（3）便签纸盒

便签纸盒的设计来源于故宫"体仁阁"，清代康熙皇帝曾经在"体仁阁"举行博学鸿词考试，招揽名士贤才，因此在皇帝的日常生活中占有重要地位。"体仁阁"作为本设计的造型元素，其本身的寓意也和其便签盒的功能相契合。在设计过程中，"简便"是本产品的核心。为了体现"简便"的特点，对"体仁阁"元素进行了大幅精心设计，使产品轻巧灵便，在具有丰富美感的同时，它的小巧更加彰显产品的独到价值。

（4）A4纸盒

A4纸盒的设计来源于故宫"太和殿"，其主要造型借鉴了"太和殿"的建筑元素，又考虑到"太和殿"是皇帝举办大型活动的场所，因此，恢弘大气的产品气质在设计上的体现尤为明显，底板正前方的半圆形下凹开口在设计中，是抽象抽离的殿门，既方便了使用又暗喻其后大有可为之意。在功能上，产品还将故宫建筑的标志性元素飞檐斗拱融入其中，并设计了镇纸，使其不显得突兀，还解决了使用时纸张散落的问题。

（5）笔筒

笔筒的设计来源于故宫"南书房"，"南书房"的建筑形式元素和城墙元素是本产品造型设计的主要灵感来源，并且在仔细考虑笔筒这一物品在使用过程中存在的问题，对笔筒的造型做了较大的调整，增加的背靠面积扩大了笔筒的容纳面积，在功能上分层处理，使笔筒的使用更加人性化，使办公环境增加了一份别致的意味。

（6）名片盒/手机架

名片盒/手机架的设计来源于故宫"乾清宫"，将故宫"乾"与此产品结合在一起，在产品寓意上"乾清宫"堪比古代皇帝的"名片夹"，故参考了"乾清宫"的主要形式特点。在功能上，较为高的背靠面积为名片和手机的放置提供了支撑，与使用者的视线呈完美的角度，是人机工学的完美应用。

（7）书立架

书立架的设计来源于"摛藻堂"，书立架的横竖两面的造型分别展现的是"摛藻堂"的"昼"与"夜"，从书立架的内侧看去，昼夜轮廓相辅相成，相互呼应。在功能上，采用了建筑剪影的设计手法，一正一负，彰显中国宫阙不同时刻的美，又赋予其别具一格的功能性，可谓一举两得。

（8）镇纸/平板电脑架

镇纸/平板电脑架的设计来源于故宫"神武门"，其造型主要通过对"神武门"的造型特点的提取和简化，并结合产品的功能性对造型的要求，进行综合的考量进行设计，在功能上本产品不但可以用作A4纸盒的压纸板用的镇纸，还可作为平板电脑架。不仅是故宫建筑元素在设计作品上的体现，也是功能性和易用性在产品设计中的运用。

7. 方案评估

方案评估非常复杂，评估可以由该领域或业界相关领域的专家评估、也需要市场营销专家，最好在大批量上市之前，找一些具有代表性的消费者人群对产品进行试用，反馈整合意见后，进一步优化产品，再推向市场。好的设计不一定有好的市场，受到经销场所、营销模式、产品价格、使用方式、消费习惯、经济收入等因素的影响。

故宫印象系列办公文具设计方案将故宫的传统建筑与现代产品结合起来，既具有观赏性，又具有实用性。设计师设计的一整套办公文具在选材方面放弃了普通的塑料而选用更加贵重的铜铝等合金及不锈钢材料以达到对设计方案的完美呈现，提高了整个设计的档次。使得这套产品能够在众多办公文具中脱颖而出。

8. 设计完成

案例展示：

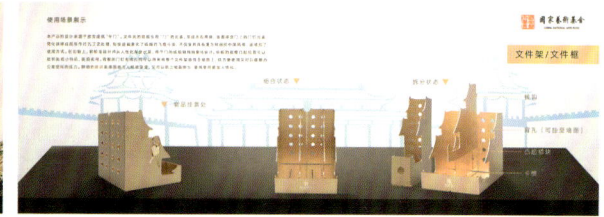
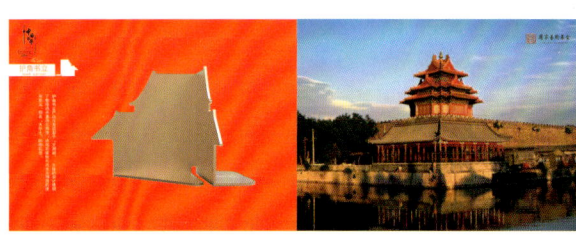

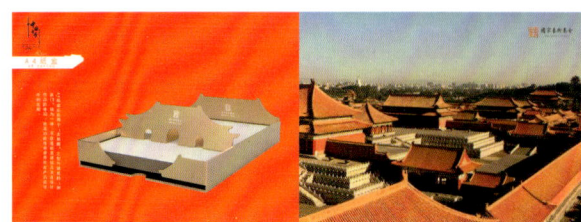
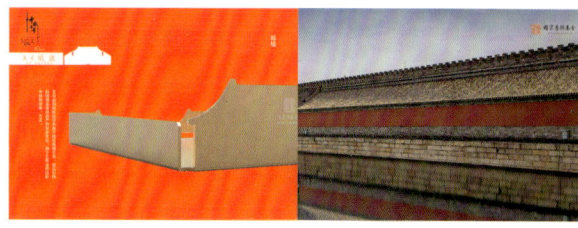

图2-5-54 《故宫印象办公文具》——王俊涛设计

2015年国家艺术基金青年艺术创作人才资助项目《"中国符号"系列》（项目编号：20153200）作品之一

图2-5-54 《故宫印象办公文具》——王俊涛设计（续）
2015年国家艺术基金青年艺术创作人才资助项目《"中国符号"系列》（项目编号：20153200）作品之一

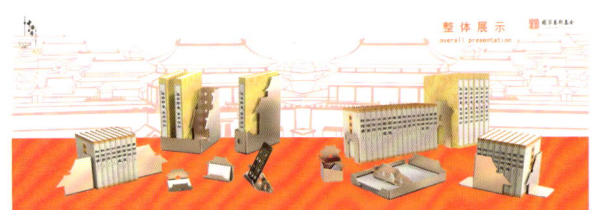

图2-5-54 《故宫印象办公文具》——王俊涛设计（续）
2015年国家艺术基金青年艺术创作人才资助项目《"中国符号"系列》（项目编号：20153200）作品之一

第六节 项目训练——娱

一、课程概述

（一）课程内容

从历史来看，娱乐的发生最初与原始的巫术祭祀活动紧密关联，并且是诗乐舞的日常化，让醉心于其中的人们感奋、鼓荡，从而进入一种迷狂的心理体验状态。娱乐在古代有两个意思：一为欢娱快乐。《史记·廉颇蔺相如列传》："赵王窃闻秦王善为秦声，请奏盆缻，以相娱乐。"二为快乐有趣的活动。老舍《骆驼祥子》："他去擦车、打气、晒雨布、抹油……用不着谁支使，他自己愿意干，干得高高兴兴，仿佛是一极好的娱乐。"古代有着极为丰富的游戏文化，中国娱乐注重智力、技巧、个人感受和单体体验，如：荡秋千、放风筝、踢毽子、看花灯；戏曲、西域乐舞、吹竽鼓瑟、舞狮舞龙；斗茶、酒令、下棋；马球、投壶、蹴鞠、耍猴、斗鸡。西方注重宗教、哲理、象征意义和群体体验，如：角斗、西班牙斗牛、奥林匹克运动会；国际象棋、纸牌；古典歌剧，等等。

从现代来看，"娱"可被看作是一种通过表现喜怒哀乐或自己和他人的技巧而使人喜悦、放松，并带有一定启发性的活动。这种定义是广泛的，它包含了悲喜剧、各种比赛和游戏、音乐舞蹈表演和欣赏、登山、攀岩、蹦极、漂流、滑雪、潜水、越野、溯溪等。娱乐文化创意产品的质量标准是双重的，既有物质形态的产品质量评价，也有非物质形态的内容质量评价，后者往往更为重要，更被消费者所重视。娱乐文化是人类的工作之余从事的一种以放松身心，增加生活情趣的活动，是人类文明形式的重要补充。它有陶冶情操、升华精神境界、开阔眼界、互动交流等作用。同时，娱乐具有不稳定性、社会性、专门性、享乐性、时代性、国际性、随意性。

（二）训练目的

随着社会的发展，人们生活水平大幅提高，对生活质量的需求也大大增加，科技水平的发展促进了娱乐方式发展和多元化创新。娱乐产品的设计不仅要满足人的心理需求，还要符合人机工程学，使人们达到身心娱乐的同时，适应经济、社会、文化的需求。

1. 传统思路

了解古代和现代娱乐生活文化和娱乐产品，探索人们在娱乐生活中的需求，训练和培养学生在娱乐产品方面设计创新的能力，拓展设计思维与创意设计的新途径。借鉴文化艺术知识，从设计的角度运用多种表达方式和设计手法设计出适合不同性别、年龄，不同造型、功能且能为市场与消费者所接受的娱乐产品。

2. 拓展思路

在"娱"基本概念基础上，探究以"娱"的发散性设计思路，运用"娱"概念中的元素，在设计实践中去发现"娱"元素的运用，从文化艺术设计的角度，通过拓展设计将创作灵感延伸为更多风格或富含更多娱乐元素的相关产品及周边衍生品设计，同时符合时代潮流和审美，甚至引导时尚潮流，顺应科技文化的发展，设计出具有"娱"元素的文创产品。

（三）作业要求

中国古代的娱乐活动包括君子六艺：礼、乐、射、御、书、数。其中"乐"文化广为流传，唐代兴起"梨园"后，人们每逢节庆时期都会观看戏曲来达到娱乐目的。

请以戏曲元素为灵感来源设计一款娱乐类文化创意产品，使其符合现代流行趋势且具有较强实用功能，并配设计构思说明。

设计构思内容需包括：

（1）设计灵感来源，设计的产品；

（2）造型、色彩、材质等各种要素的具体方案；

（3）设计理念、所要表达的思想。

以PPT形式上台宣讲分享产品设计过程及成果，汇报分享产品报告书，打印纸质版形式提交最终作业。

（四）重点和难点

重点：详细认知相关文化知识和各国人们生活方式，提炼文化精华元素，深入了解"娱"这一课题的意义。在设计中，与当前社会相融合。

难点：设计时应调查了解用户的需求，结合目前已有品牌产品的优点与痛点，进行创新与实践，切合现实情况，展望未来发展趋势，具有时代创新性。

二、设计案例

（一）娱乐产品及其周边衍生品设计作品（传统思路）

一般来说玩具可以分为五大类，第一种按照原材料分为金属类、塑料类、棉绒类、电子类、纸质类、泥土类等等。第二类分为静态玩具和动态玩具两大类。静态玩具比如毛绒玩具、塑料拼插玩具，动态玩具比如电瓶车、遥控车，还有风筝等都属动态玩具。第三类按照年龄分为婴儿玩具、幼儿玩具、少年玩具、青年和成人玩具以及老人玩具。第四类根据场所分类，可以分为家庭玩具、幼儿园玩具、儿童中心玩具以及一些大中型玩具。最后一类按功能分类可分为启蒙玩具、主题玩具、益智玩具、科技玩具、音乐玩具、健身玩具。

1. 启蒙玩具

主要应用于婴幼儿，让婴幼儿用来认识物体的形状或者颜色，可以是挂在床上的悬挂玩具或者是一些塑料小动物玩具等（如图2-6-1至图2-6-3）。

2. 益智玩具

也称为认知类玩具，是为了发展智力、完善思维的玩具，比如拼图、套塔、套碗、棋类等（如图2-6-4至图2-6-6所示）。

3. 科技玩具

科技玩具主要是借助一些发条或者惯性或者电池遥控玩具。

（1）实体产品：即将科技赋予相关的金属、塑料等具有实质性材料上的娱乐产品（如图2-6-7、图2-6-8所示）。

图2-6-1 Hobbel 木马

图2-6-2 拨浪鼓

图2-6-3 南京长城"乐乐沙"玩具组合 江苏瀚港文化发展有限公司

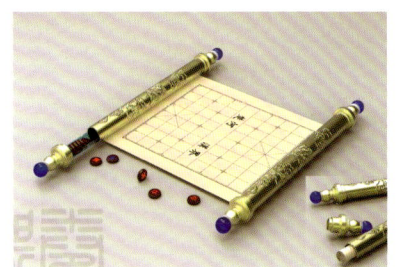

图2-6-4 "圣旨"卷轴象棋设计 王俊涛 2011年

图2-6-5 故宫文创扑克牌

（2）虚拟产品：即将科技娱乐以数字媒体或电子产品为界面展现出来，给人视觉和听觉的虚拟感，达到交互娱乐的产品。注意要分清VR、AR、MR、CR、XR的区别和联系：

① VR：虚拟现实（Virtual Reality）

虚拟现实技术，是一种可以创建和体验虚拟世界的计算机仿真系统，利用计算机生成一种模拟环境，是一种多源信息融合的、交互式的三维动态视景和实体行为的系统仿真，使用户沉浸到该环境中。虚拟现实技术利用电脑模拟产生一个三维空间的虚拟世界，提供使用者关于视觉、听觉、触觉等感官的模拟，让使用者如同身历其境一般，可以及时、没有限制地观察三度空间内的事物。简言之，在VR的世界里所有东西都是虚拟的、假的（如图2-6-9所示）。

② AR：增强现实（Augmented Reality）

增强现实技术，是一种实时地计算摄影机影像的位置及角度并加上相应图像、视频、3D模型的技术，这种技术的目标是在屏幕上把虚拟世界套在现实世界并进行互动。简言之，在AR世界里的东西一半是真实的，一半是虚拟的、假的（如图2-6-10、图2-6-11所示）。

③ MR：混合现实（Mixed Reality）

混合现实技术，即包括增强现实和增强虚拟，它是虚拟现实技术的进一步发展，该技术通过在虚拟环境中引入现实场景信息，在虚拟世界、现实世界和用户之间搭起一个交互反馈的信息回路，以增强用户体验的真实感。

④ CR：影像现实（Cinematic Reality）

隐性现实技术，其核心在于通过光波传导棱镜设计，Magic Leap从多角度将画面直接投射于用户视网膜从而达到欺骗大脑的目的。有别于通过屏幕、投诉显示技术。通过这样的技术实现更加真实的影响，直接与视网膜交互，解决了Hololens视野太窄或者眩晕等问题。说到底，只是MR技术的不同实现方式而已。

图2-6-6 3D立体魔幻迷宫球

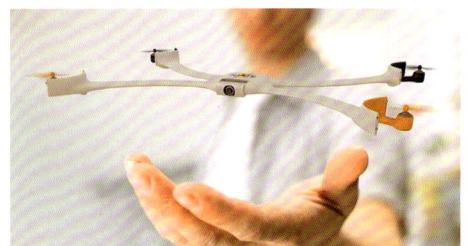

图2-6-7 Nixie无人机 Creators Project

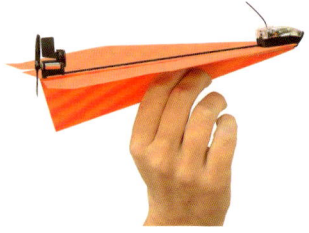

图2-6-8 PowerUp 3.0 改装纸飞机

图2-6-9 VR头显使用场景

图2-6-10 AR技术手机游戏

图2-6-11 基于地理位置服务（LBS）的增强现实（AR）应用

图2-6-12　iPhone X"表情包"制作

图2-6-13　《会说话的汤姆猫》游戏、玩具

图2-6-14　Cokick 智能毽子

图2-6-15　磁悬浮滑板

图2-6-16　灌篮游戏机

⑤ XR：扩展现实（Extended Reality）

扩展现实（XR）是一个术语，通过计算机技术和可穿戴设备产生一个真实与虚拟组合的，可人机交互的环境。扩展包括增强现实（AR）、虚拟现实（VR）、混合现实（MR）等多种形式。换句话说，为了避免概念混淆，XR其实是一个总称，包括了VR、AR、MR。XR分都分为多个层次。从通过，有线传感器输入的虚拟世界，到完全的虚拟世界。

基于LBS的增强现实一般使用嵌入在手机等智能设备中的GPS、电子罗盘、加速度计等传感器来提供位置数据。它最常用于地图类应用，比如你打开手机应用开启摄像头对着街道拍照，屏幕上可以显示附近的商家名称、评价等信息，可以用来进行实景导航等。

2017年9月13日，苹果公司在秋季新品发布会中推出了新一代Iphone手机：iPhone X。iPhone X使用了FACE ID功能。通过红外摄像头、环境感应器、光感传感器等先进设备，iPhone X可以准确地捕捉人的面部特征。iPhone X在人面识别方面的技术还被运用到了喜闻乐见的"表情包"制作中，摄像头可以捕捉用户的表情，将emoji变成动态的animoji：手机中的各种可爱形象可以跟随使用者的面部表情变化，十分生动有趣（如图2-6-12所示）。

《会说话的汤姆猫》游戏，是由Outfit7公司研发的一款手机宠物类应用游戏。汤姆是一只宠物猫，他可以在您触摸时做出反应，并且用滑稽的声音完整地复述您说的话。可以抚摸他、用手指戳他、用拳轻打他或捉他的尾巴。还可以将录制汤姆复述您说话上传至YouTube或FaceBook或通过电子邮件发送给亲友。与这只会说话的汤姆猫一起玩耍，享受欢乐和笑声。周边玩具，是将数字媒体上的汤姆猫形象应用于玩具摆件上，有更好的实体触感（如图2-6-13所示）。

4. 健身玩具

也可以称为体育类玩具，比如说各种球类、各种车辆，三轮脚踏车、小滑板车、电瓶车、小自行车，还有一些传统的体育玩具，比如毽子、跳绳、风车、风筝，都属健身玩具（如图2-6-14至图2-6-16所示）。

5. 生活主题玩具

我们也可以把它叫作社会生活玩具，通过这些玩具来模仿或者扮演一些社会角色,加强人对周围世界的认识,还可以培养良好的个性和社会性(如图2-6-17至图2-6-20所示)。

6. 影视、动漫主题玩具
(1)漫画(如图2-6-21所示、图2-6-22所示)
(2)动画产品(如图2-6-23所示)

图2-6-17　模拟厨房玩具　　　　图2-6-18　模拟收款玩具　　　　图2-6-19　模拟工程师玩具

图2-6-20　换装游戏玩具　　　　　　　　图2-6-21　《小鸡哲学》秦臻

图2-6-22　彝族节庆文化表情系统开发与时尚运用创作（2017年7月,48小时完成）

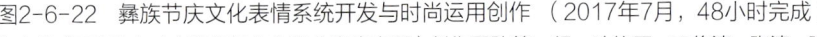

文化部、财政部文化产业"双创"人才(藏羌彝文化产业走廊专题)创作团队第一组:叶佑天、王俊涛、张涛、陈磊、陈竑、陈岳松、程皓、段鹏翔、李玲芳、张阅川、吕今鲜、韦彦希、刘黎、韦权刚、娄孝发,学术指导:韩晓燕(中央文化管理干部学院)、原博(清华大学美术学院)

图2-6-23　美国Fisher-Price费雪儿童玩具　　图2-6-24　触电口香糖　　图2-6-25　下蛋鸡　　图2-6-26　儿童储物椅（2010德国国际红点设计概念奖）张剑

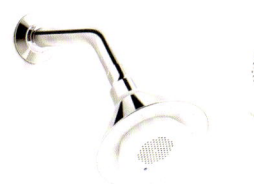   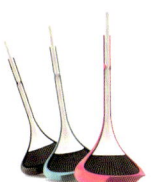 

图2-6-27　带可拆卸蓝牙播放器花洒　　图2-6-28　不倒翁扫帚组合

 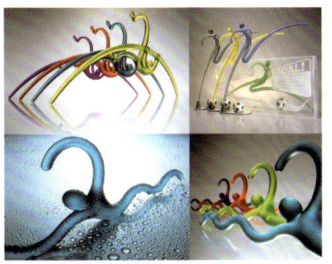 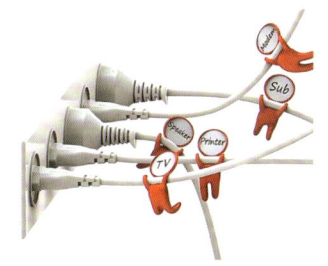

图2-6-29　桌面吸尘器　　图2-6-30　yeduo 运动造型衣架　　图2-6-31　The Mark Brothers 电线标签

（3）整蛊玩具（如图2-6-24、图2-6-25所示）

（二）娱乐元素产品的文创设计（扩展思路）

1. 家居类

（1）家具

一个张着大嘴卡通造型的椅子，它的功能是用于收纳儿童零乱的玩具。椅子正面座位下方设置了一个很大的抽屉，与椅子背面的大嘴相贯通，儿童可以直接将零乱的玩具与物品投掷往张开的大嘴内，就会落在抽屉里，使收纳的过程变得十分有趣。椅子的材料可以采用塑料，保证了材料的轻便性（如图2-6-26所示）。

科勒Moxie其实是带有可拆卸蓝牙播放器的花洒，播放器用磁铁固定在花洒的中心。通过跟手机、MP3或其他支持蓝牙的音乐播放装置相连，就能让你的莲蓬头放声高歌（如图2-6-27所示）。

（2）清洁产品

Salih Berk Ilhan设计的Ropo是一款不倒的扫帚簸箕组合：造型非常漂亮，就像洋葱头，但思路和小儿玩的不倒翁类似，将底部变成球形，并将重心下移，于是，整个簸箕可以完全凭借自己站立，即便碰它一下，它也能恢复直立。其他清洁产品还有吸尘器等（如图2-6-28、图2-6-29所示）。

（3）家居生活小产品（如图2-6-30、图2-6-31所示）

2. 饰品类

一个有趣的饰品会让我们的日常生活更具情趣化，娱乐我们的身心，让我们有积极乐观的世界观。

（1）摆饰（如图2-6-32、图2-6-33所示）

Florino 是一款动感十足的小花瓶，它有着灵活的"四肢"，可以随意摆成各种各样的造型，活像一个淘气的孩子，让人看到它就不由得心情大好（如图2-6-34所示）。

德国的Anika Engelbrecht 设计的花瓶，一个有趣的花瓶。在花瓶塞进一个气球，让这气球来

图2-6-32 琉璃艺术品ins北欧风格家居装饰动物摆件创意

图2-6-33 粉彩、青花瓷泰迪 郭超

图2-6-34 Florino小花瓶

图2-6-35 气球花瓶 Anika Engelbrecht（德国）

图2-6-36 舞狮元素钥匙链

图2-6-37 卡通面具

图2-6-38 小驴中性笔

图1-6-39 积木笔

图2-6-40 人形软磁铁

图2-6-41 手机充电外壳

图2-6-42 玩偶型音响

图2-6-43 电子二胡

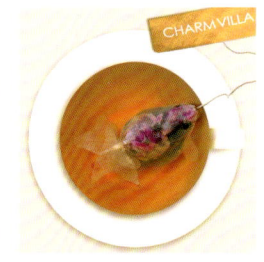
图2-6-44 小金鱼茶包 Charm Villa

装水，不同的水量让气球膨胀成不同的状态，并根据花瓶中空的设计，气球会鼓起各种的形状（如图2-6-35所示）。

（2）挂饰

如图2-6-36所示，采用了传统舞狮的外形元素，舞狮是我国优秀的民间艺术，在中国民俗传统，认为舞狮有驱邪辟鬼的寓意，运用到钥匙挂链上，有出入平安辟邪的祝福，还有趣娱乐人心。

（3）妆饰

妆饰因使用的场所及频率不同，样式及材料多种多样（如图2-6-37所示）。

3．文具类

具有娱乐元素的文具，可以让我们在学习之余娱乐放松自己，以便于接下来更好地学习（如图2-6-38至图2-6-41所示）。

4．休闲类

即工作学习之余人们的休息和娱乐，一般指能轻松地享受生活的产品。

（1）音乐类（如图2-6-42、图2-6-43所示）

（2）茶具类（如图2-6-44、图2-6-45所示）

图2-6-45　宇航员滤茶器

图2-6-46　戏曲人物摆件

图2-6-47　超级玛丽帽子

图2-6-48　"植物大战僵尸"游戏抱枕

图2-6-49　迪士尼动画周边产品

图2-6-50　"大圣归来"周边文创产品

图2-6-51　彝族表情包产品，文化部、财政部文化产业"双创"人才（藏羌彝文化产业走廊专题）创作团队第一组：叶佑天、王俊涛等

图2-6-52　"长草颜团子"表情包小夜灯

图2-6-53　"桃园结义"周边摆件

图2-6-54　"三国"周边摆件

图2-6-55　"西游记"周边摆件

5．动漫衍生品

（1）曲艺（如图2-6-46所示）

（2）游戏（如图2-6-47、图2-6-48所示）

（3）动漫（如图2-6-49、图2-6-50所示）

（4）表情包、漫画（如图2-6-51、图2-6-52所示）

（5）传统故事（如图2-6-53至图2-6-55所示）

6．智能产品类

近年来，智能产品成为各品牌及厂商关注的重点，产品应用领域多样，侧重于人们的情感体验与产品功能的融合（如图2-6-56所示）。Necomimi中文名"猫的秘密"猫耳，是一款用意念控制的脑电波猫耳朵玩具，是日本neurowear公司运用NeuroSky（神念科技）的脑电波技术开发出来的

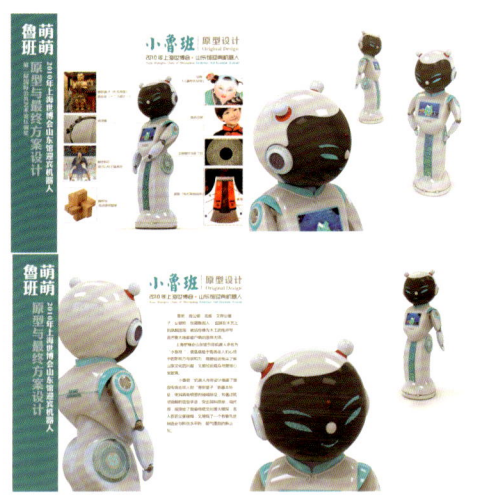

图2-6-56 2010年上海世博会山东馆迎宾机器人"鲁班萌萌" 张焱设计

一款意念控制脑电波装置,它可以体现出穿戴者的心情!脑电波猫耳像像个发箍一样,只要戴在头顶上,头上的脑电波传感器就会探测并自动分析观察到的脑电波,随着人类情绪起伏,做出相应的表示性动作,或耷拉或直立。精神专注时,耳朵会微微下垂;精神高度集中,耳朵会立起来;疲惫时,耳朵慢慢放下(如图2-6-57所示)。

三、知识点

1. "娱"之——"形"

"形"包括娱乐符号图案和娱乐实物产品造型创意。娱乐产品分为虚拟娱乐产品和实物产品,虚拟产品以符号图形为主,在实物产品中"形"指产品造型和装饰图案,造型和装饰图案应符合人类审美、社会文化、人机工程学、传播途径、历史发展、娱乐效益、文化交融、社会影响,便于人们娱乐使用和欣赏(如图2-6-58所示)。

2. 娱之——"色"

"色"指色彩,娱乐环境和产品中色彩设计要讲究色彩的协调、色彩的对比、色彩的光照效果及色彩的文化等。色彩是一种创造空间、表现质感、烘托气氛的视觉语言表现手段,在娱乐环境氛围的营造和娱乐产品的设计中起着关键作用。不同色彩的娱乐产品带给人们不同的心理感受,鲜亮的色彩可以让人们愉悦欢喜,低暗的色彩会让人们冷静严肃。不同色彩的搭配会使人们产生不同的视觉效果,营造不一样的娱乐氛围,同时能带来不同的情感感受(如图2-6-59所示)。

3. 娱之——"境"

"境",可概括理解为"环境风情"是指不同地区人们进行娱乐活动的环境和空间。人类生存的空间及其中可以直接或间接影响人类生活和发展的各种自然因素都会对人的心理发生影响,人们的生活环境包括自然环境和社会环境和心理环境。人的心理环境如何,取决于现实因素本身作用于人的强烈程度与人的主观心理因素,即受人的个性倾向(如注意、兴趣、需要、价值观等)和认知结构两个方面影响。只有客观环境因素对人的心理发生影响时,这些环境因素才对人的活动有作用。因此,生活在同一环境中的人,

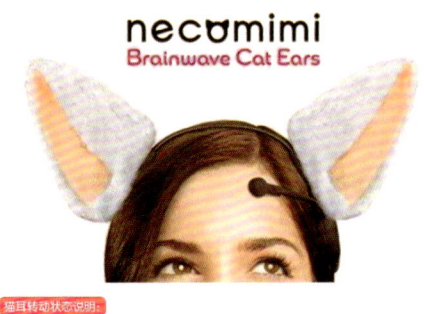

图2-6-57 Necomimi "猫の秘密" 智能猫耳

图2-6-58 不同的娱乐图形符号

图2-6-59 各种色彩的陀螺

头脑中的环境映象可能截然不同。而正是这种心理中的环境反映，调节着每个人的需要、动机和目标，引导和制约着一个人对周围的人和事采取什么样的行动。随着国内大规模城镇化建设及生活水平的迅速提高，人们对娱乐环境提出了越来越高的要求。人们总在工作之余找个合适的休闲娱乐空间来缓解自己一天的压力，因此好的环境氛围对人来说尤为重要，同时会对人的心理环境有重要影响。

4. 娱之——"为"

"为"，可概括理解为"行为意图"，主要指人的行为与娱乐产品之间的相互影响。人的行为习惯影响了产品端设计与开发，产品的长时间使用会使人产生一定的习惯。娱乐行为影响产品设计，不同时代，国家地区的民俗习惯和行为习惯不同，人们生活形态、休闲娱乐态度的差异，产生了不同要求，娱乐行为的不同，对娱乐产品设计而言，是分析产品操作方式、界面设计是否合理，产品与人产生的信息交互是否顺畅，以及产品界面、操作方式、造型是否满足人的情感需求等内容的重要因素，会影响产品的材质、形态和使用方式的不同，例如，气球是用来吹和玩的，因此它应采用软且有弹性的材质。娱乐产品影响用户的行为习惯，产品的固有使用方式会使人产生习惯。设计娱乐产品时，深入研究用户的"行为习惯"进而挖掘出该用户群的生活方式，才能准确找到用户感到不满或者非常满意的各个问题点，最终满足用户复杂的心理需求（如图2-6-60所示）。

5. 娱之——"数"

"数"主要指娱乐数字化。数字娱乐产业指以动漫、卡通、网上游戏等基于数字技术的文化产业。在新兴的文化产业价值链中，数字娱乐产业是创新性最强、对高科技的依存度最高、对日常生活渗透最直接、对相关产业带动最广、增长最快，发展潜力最大的部分。数字娱乐产业拥有的优势：产业平台的扩展性、产业内容的全民性、产业人才的广泛性、产业技术的共享性。产业发展方向：数字内容出版领域，例如光盘出版物、电子音像出版物、在线数字出版平台、付费网络文学和付费在线动漫；在线游戏娱乐领域，例如电脑游戏、手机游戏、网络聊天和游戏机；传统娱乐数字化，例如数字短片、数字音乐、数字电视和数字电影。

在设计中，深入了解研究传统娱乐的不足，顺应信息化科技的发展，展望未来的娱乐发展需求。在继承传统优秀娱乐文化的同时，将数字化高科技引入娱乐产品，或把娱乐的相关元素带入高科技产品。让人们在使用高科技产品时，能得到娱乐感受；在娱乐玩耍时，体验数字高科技带来的便利（如图2-6-61所示）。

四、实践程序

1. 理解课题

当今的世界是一个信息化、网络化的世界，电脑的大量普及也带动了电子娱乐产业的发展。本节以文化潮牌"嘻多猴"为例，展示该品牌从泥塑作品中提取优秀的元素，进行创新，设计出相关动漫形象，将其扩展到娱乐生活中的数字产品和实物产品上的设计发展历程。

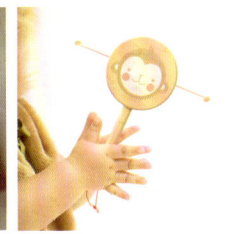

图2-6-60　不同行为习惯的娱乐产品

图2-6-61　生活中常见的数字娱乐软件
（聊天、新闻、视频、音乐游戏、购物、漫画、小说）

2. 市场调研

动漫表情包，是网络中人们用以表达喜怒哀乐等多种情绪常用的一种交流方式。表情已经成为我们日常社交中不可缺少的一部分，甚至还蕴含着不可估量的商业价值。通过调研日本动漫时尚与当地文化结合的旅游纪念品；将动漫创意与旅游纪念品相结合的"三国人物"主题创意纪念产品；将故宫动漫创意与传统文化结合的故宫博物院文创产品；将动漫时尚创意与休闲食品相结合的"三只松鼠"电商品牌；将卡通形象与传统酒业相结合的"江小白"时尚创意品牌，还有越来越多的企业或景区、城市都开始运用动漫形象这种萌趣方式进行品牌化打造中得到灵感。

3. 市场针对性分析

当今社会数字媒体发展迅速，交友软件受到人们的欢迎，从而促进了各种表情包的发展和进步，有广大的市场前途。表情包可以更好地表达出与人交流时的情绪，能继承发展传播传统优秀文化。运用了动漫的效果，能够更好地促进艺术绘画，符合人们的审美。动漫表情的相关产品的设计产生，能够促进相关娱乐符号的传播，让更多的人在使用这些产品时，感受到欢乐和趣味。

4. 概念方案

将根据传统文化创新设计的"嘻多猴"娱乐动漫形象，应用到电子表情包、app平台、游戏、景观塑像、品牌商标、玩具抱枕、（水杯、文件、背包、服装、店铺）装饰、食品包装等方面，给人们心理上的娱乐享受。

5. 发散性想象

"嘻多猴"卡通形象是从传统文化中汲取的创作灵感，并以中原传统泥塑的"福猴"作品为基础原型，形象保留了泥塑"福猴"造型中的大圆眼睛，大圆点鼻孔及微笑逗乐式的嘴型；旨在通过"制造快乐，传递快乐"的理念，传播"带上快乐出发"的积极娱乐态度。

6. 草图发想（详见案例）

7. 设计深化

"嘻多猴"形象以头顶火焰、怀揣爱心、尾似祥云、须臾六点为形象剪影，代表嘻多猴"热情、善良、快乐、逗趣"的性格特点；形象的整体颜色以白色为主，源于金木水火土五行文化元素，白色属金，金代表财、福；白又谐音拜，取成语"拜相封侯"，正中经典作品"马上封侯"系列喻义。

8. 方案评估

方案评估非常复杂，评估可由该领域或业界相关领域的专家和市场营销专家进行，还应在大批量上市之前，进行调研，找一些具有代表性的消费者用户对产品进行试用，反馈整合意见后，进一步优化产品，最后再推向市场。进行设计时应参照经销场所、使用方式、消费习惯、经济收入、营销模式、产品价格等因素的影响。

"嘻多猴"卡通形象品牌设计方案，以传播传统文化和卡通娱乐为元素，与实用性产品和数字化产品加以结合，突出表达了设计师的创新思维。因其设计元素的文化性与多元性使得消费市场广阔、针对人群广泛。在众多娱乐品牌中以其明亮的色彩、鲜明的造型、丰富的种类脱颖而出。

9. 设计完成

案例展示（如图2-6-62所示）

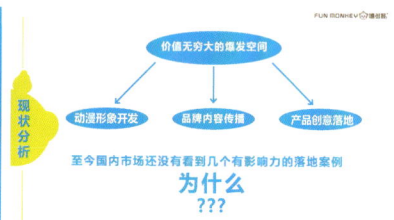

图2-6-62 "嘻多猴"品牌规划

图2-6-62 "嘻多猴"品牌规划（续）

图2-6-62 "嘻多猴"品牌规划(续)
*本设计案例由河南华冠文化科技有限公司董事长梁兴先生提供,感谢您对本教材提供的学术支持。

文创潮牌嘻多猴养成计划

第一章 创意设计创业策略

第一节 基本概念

一、关于自主创业

自主创业就是通过个人及组织的能力,利用所学到的知识、才能、技术和所形成的各种能力,以自筹资金、技术入股寻求合作等方式,在有限的环境中,努力创新、寻求机会,不断成长创造价值的过程。

1. 自主创业概念

自主创业,是指劳动者主要依靠自己的资本、资源、信息、技术、经验以及其他因素自己创办实业,解决就业问题。在这种创业过程中不断生成的财富,归根结底是创业导致价值的产生、增加、实现和更新。它不只归属于所有者,也与所有参与者利益相关。因此,创业是一种思考、推理和行为方式,更是一个跨学科领域的复杂现象。

2. 创造创意资本

创意资本是指一系列要素的集合,这些要素能够让人和组织具有创意。青年成长的规律表明,创业的最佳年龄区是25岁至45岁。目前在世界范围,尤其在中国,以科技创业、拓展创新空间,以技术与资本结合为发展动力,正成为越来越多青年人的创业梦想和追求。

二、自主创业的分类形式

1. 实体形态创业

实体,顾名思义,就是有一个实在的、固有形态的企业。对创意行业来说,实体的概念就是人力资本实体。实体创业更多的是指创业者凡事都需亲力亲为。

2. 网络形态创业

网络形态创业具有启动资金少、创业成本低、交易快捷等特点,直接吸引学生选择网上创业。此外,学生利用网络的虚拟性,也能够成功规避工作和社会经验不足的缺陷。每个步骤依托网络完成可免去现实中不少麻烦,增加了便利性。这种新型业态越来越成为创业的首选,是值得专家和高校推广与研究的新课题。

3. 混合形态创业

混合形态的创业是创业者利用现有资源,投入少量资金和资源,开辟风险较小的创业途径。这种因地制宜和随机应变的创业模式,灵活而高效(如图3-1-1所示)。

图3-1-1 自主创业的分类形式

图3-1-2　多元模式的创意企业

三、经济趋势与前景展望

伴随着新技术革命的飞速发展，国际经济竞争将主要表现为技术竞争，而作为科学技术载体的人力资源，必将成为一个国家经济增长的依托。可以说，人力资源的开发利用是一个国家提高国际竞争力的关键因素，是经济社会发展的重要源泉。

1. 经济发展与创新创意

在当下经济发展环境中，创新创意无疑起到至关重要的作用，在文化消费成为城市消费的主流、第三产业中现代服务业的兴起、新移民构成的城市国际化特征、数字技术在中心城市普及应用等这些方面都成为关键性因素。

任何一个经济中心城市都毫无例外地聚集着大量的文化生产部门，它是文化产业的聚集地。在这里，诸如知识产权的保护、金融、保险、通讯、技术服务、教育等都十分发达，来自世界各地、大都受过良好教育且具有多元文化背景的城市新移民，构成了这类城市多元文化的重要部分。这既是城市复兴计划的起点，也是创意产业发展的文化基础和创意产业发展的地理特征。

2. 多元模式的创意企业

①以客户为向导

顾客至上，是考虑到客户的各种细节需求和可拓展的需求，产品和服务的设计要站在顾客的层面上，以打动顾客为目标。通过更好的广告、更多样的信息不时地提醒顾客其选择是正确的。

②产品和过程以服务为主旨

产品的创新并不一定是颠覆性的创新。在原有产品上的稍加改进，就是创意火花的绽放，同时也更容易带动销售。产品在行销的过程中，创意企业也在同步成长。在这个发展的流程里，如何运行顺畅，需要有创意地设计过程，并使之更有效率，这是创意经济的根本所在。

③以战略创新为目标

创意企业为了激发广泛的创造力，管理部门要建立多元化的团队来处理相关创新业务，提供创新工具。这需要创业者的气魄和勇气，更需要创业团队彼此分享无穷无尽的创新理念（如图3-1-2所示）。

第二节　创业条件

一、创业基础

创业基础课程应以培养内创业者为目标，以岗位创业为主线，引导学生树立科学的创业观，以培养创业精神为核心，以锻炼创业能力为主，培养学生的创新创业能力。

（一）创业场地的规划

创意行业其实对场地的要求并不高，但精准的定位却甚为重要。一般而言，这个行业最初形态是工作室规模不大，结构精简。创意行业的场地可细分为外显和内隐场地。外显的场地，涉及销售和公关形象的办公和经营用地。此类场地需要实地调查，调查范围包括：各候选址的面积、月租金、交通便利情况、周边环境、形象氛围等。内隐的场地适合设计类企业或较少与客户、人群沟通的企业，此类企业不需要太多成本投入在场地建设中。通常总是先选项目，后选经营位置。在前期进行市场调查时，创业者必须了解目标客户的需求，并且掌握所选经营地域的人文要求。下面几点是在场地选择中必须考虑的。

1. 外显的场地建设
①交通便捷与驻足程度的关系；
②租金高低与市场发展空间的关系；
③竞争强弱与集市规模的关系；
④单业市场与综合市场的关系。

2. 内隐的场地建设

由于创业行业的特性，内隐的场地更为适合本行业的需求。尝试对周边环境进行针对性分析，是场地建设的重要环节。顾客购物的需求与商品供应种类、功能的不同，对娱乐、休闲、餐饮业应有不同的考虑，自然而然形成了某一类业种适合经营的气氛，即具有一定特性的商圈。不同的商圈特性适合不同的业种经营。

商圈由核心商业圈、次级商业圈和边缘商业圈构成。核心商业圈是离商店最近，顾客密度最高的地方，约占商店顾客的50%~80%。次级商圈是指位于核心商圈外围的商圈，辐射半径范围一般在3~5公里左右，次级商圈内15%~25%的消费将在本商业区内实现，即商业物业将能吸引次级商圈全部日常生活消费总量的15%~25%。本商圈内顾客较为分散。边缘商业圈是指处于商圈的最外缘，辐射商圈内会有5%~10%的消费在本商业区内实现。商圈内拥有的顾客最少，而且最为分散。

（二）创业资金的筹措

一般来说，创业资金有三种筹集渠道：一是自筹，二是借贷，三是风险投资。

创业需要的原始资金。一个浅显的道理，巧妇难为无米之炊。再好的创新技术若缺乏资金支撑，也难以化为现实的生产力，因此原始积累是最重要的创业条件。

创意行业是强调技术的年轻行业，起初并不需要大量资金，初期更多需要的是智力资本。但是，随着企业的壮大，创业者在原始积累时期还会选择"融资"，通过烧别人的钱圆自己的创业梦，这已经成为IT行业创业最为普遍的做法，逐渐也有像创意行业蔓延的趋势。因此，在满怀激情创业的同时，资金筹措时需要了解金融业的相关知识，以减少创业风险。在创业初期应尽可能压缩资金的支出，在减免税的基础上，还有一部分免收费政策可以参照应用（如图3-2-1所示）。

（三）创业人员的整合

创意行业创业，不仅要寻找适合自己的主营业务，寻找客户，同时，还要依靠团队合作的力量。团队是为了项目实施而聚在一起的人群。根据项目的特点，创意行业团队可以包括各种人和机构：内部的设计师、商业团队，外部的顾问和机构，独立的供应商和经销商以及终端零售商和顾客。这些人群和机构的合作，是想法与知识碰撞中产生创造力的动态过程。他们的组合是在相互理解和尊重的富有成效的环境里建立起来的，因此有效地整合这一人群和机构，是创意型行业创业必做的功课。

创业要处理的事情面广、量重，靠一个人的力量很难有效地应对各类情况，组建创业团队则能有效地进行创新与经济管理的互补。学生创业应该利用同辈资源的优势，组建互补的创业和顾问团队。而有效地管理，能保证创业团队形成最大的合力。在组建创业团队时，应注意创业团队成员的性格搭配、角色分工及他们对企业远近期目标、策略定制、股权分配的认同等问题。

（四）创业机会的把握

创业的主体是创业者本身，只有创业者本身具备要素才能成功。一个优秀的创业者要具备头脑、资金、人脉三方面条件。对应来看，对创业机会的把握就是对外部环境（创业契机、资金等）和内部智力因素（创业眼光、知识技能、胆识等）的整合。

（五）创业计划的制定

撰写创业计划书，是创业另外一项重要技能。创业计划书是指创业者在创业初期所编制的商业计划。由于创业计划书要求创业者描述公司的创业机会，阐述创立公司的进程，说明所需的资源，揭示风险和预期回报，并提出行动建议，因此它是对创业者创业可行性的一次全面阐释。想创业首先应该学会撰写创业计划书，并按照创业计划书的要求审视计划的可行性（如图3-2-2所示）。

一般来说，创业计划书中的内容应该包括创业的种类、资金规划及资金来源、资金总额的分配比例、阶段目标、财务预估、行销政策、可能风险评估、创业的动机、股东名册、预定员工人数等。

撰写完成创业计划书后应该准备创业方案，准备创业方案是一个展望项目的未来前景、细致探索其中的合理思路、确认实施项目所需的各种必要资源，再寻求所需支持的过程。需要注意的是，并非任何创业方案都要完全包括上述大纲中的全部内容。创业内容不同，相互之间的差异也就很大。

创业初期，投资风险比较大，一般很难获得商业贷款或创业资金，风险投资商也对处于这一时期的企业投资非常小心。这个时期需要编制大量的创业计划书，用于说服别人，规范自己。因此，创业计划书是创业者制作的商业文件中最主要的文件。

二、法律知识

创业过程中，自身是否具备法律意识和法律理性，是否了解和掌握预期创业相关的法律法规是依法创业的关键，因此创业的法学教育就显得尤为重要。创业法律教育可以指导创业者规避风险提高成功概率。

（一）工商税务手续（如图3-2-3所示）

（二）银行开户申请

公司的银行账户类型分为银行基本户、银行一般户与银行临时户。注册公司时，必须要开立银行基本户，人们通常所说的银行开户也是指开立"银行基本户"。

1. 银行开户种类

在办理银行开户申请前企业要先办理开户手续，要明确银行允许企业开立的存款账户类型。根据2003年颁布的《人民币银行结算账户管理办法》，单位存款账户可分为基本存款账户、一般存款账户、临时存款账户和专业存款账户四大类。

（1）基本存款账户：法律规定一家企业只能在

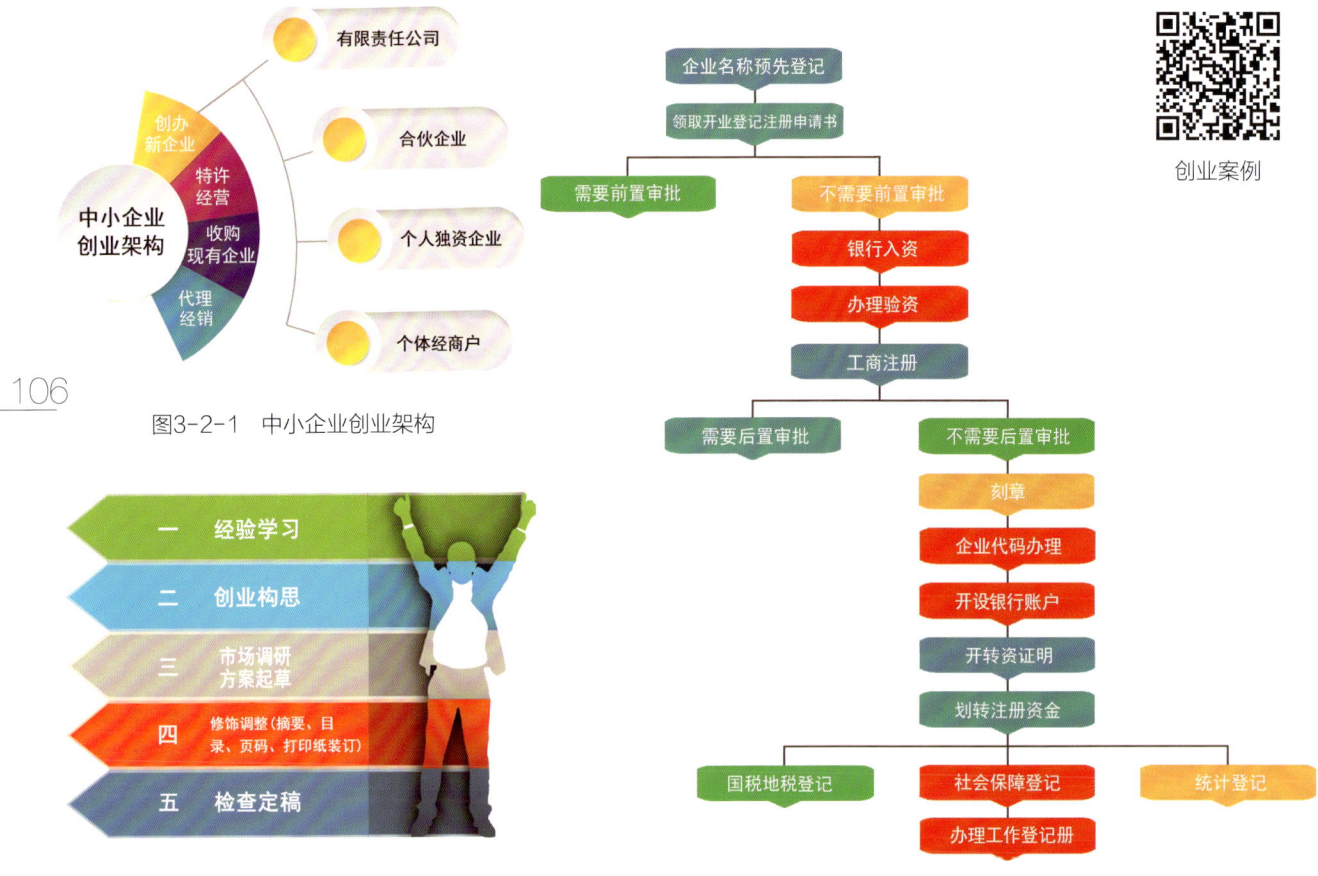

图3-2-1　中小企业创业架构

图3-2-2　创业计划书编写步骤

图3-2-3　中小企业申请的步骤

创业案例

银行开立一个基本存款账户，企业的工资、奖金等现金的支取，只能通过此账户办理。

（2）一般存款账户：是存款人因借款或其他结算需要，在基本存款账户开户银行以外的银行营业机构开立的银行结算账户，只能办理转账结算和现金缴存，不能办理现金支取。

（3）临时存款账户：是存款人因临时需要并在规定期限内使用而开立的银行结算账户。

（4）专用存款账户：是存款人按照法律、行政法律和规章，对其特定用途资金进行专项管理和使用而开立银行结算账户。

2．开立基本户所需的材料：
- 营业执照正本、副本
- 公司章程
- 法定代表人身份证原件及复印件
- 合伙人或股东身份证复印件
- 经办人身份证原件及复印件
- 五章（公章、财务章、法人章、合同专用章、发票专用章）
- 当地银行要求提供的其他材料

3．开立基本户的步骤：

（1）提前预约银行客户经理或直接带相关材料前去

（2）在客户经理的指引下签相关文件、盖章

（3）银行会将相关资料报送央行，一般需要5个工作日，央行会下发开户许可证

（4）等待客户经理通知去取证、回单卡、U盾等

（5）在客户经理的指引下进行账户存款等剩余操作

注：一般来说，在开户和取证中，法定代表人至少亲自到场一次。

4．开户所需时间：

开户相对较快，不排队的情况下需要半小时至1小时。

取照相对较慢，不排队的情况下需要1~2小时。

5．开户所需费用：

对于开户所需费用，各地银行要求不一，一般客户经理会让你进行选择你需要哪些服务。

举例：以下是2017年北京地区中国建设银行开立基本户的收费标准

- 开户手续费（一次性收费100元左右）
- 账户维护费（每年400元左右）
- 网银（每年1000元左右）
- 电子回单柜（每年400元左右）
- 结算卡（每年500元左右）
- 短信提醒（每年200元左右）
- 密码器（一次性收费100元左右，用于现场柜台支付及支票）
- U盾（一次性收费60元左右）
- 当地银行的其他服务

由于政府正逐步进行一些改革措施，政府职能由管理向服务转变，创业公司在办照、开户环节所需的程序和费用都在简化。创业者须随时关注。

（三）财务管理组织

企业要想生存发展，就要对自己的经营情况进行统计和分析。只是不同的创业者或不同的企业，或企业发展的不同阶段，都可能会采取不同的方式对自己的财务经营状况进行控制（如图3-2-4所示）。

①内部管理基础是否较弱；
②管理水平是否较低；
③抗风险能力是否较弱，信用等级是否较低；
④资金是否短缺，筹资能力是否较差。

财务风险是企业面临的风险中最困难的部分。特别是在创业行业，经常面临不同类型的客户和业务类型，涉及的财务知识、管理规范都不相同。这些风险涉及企业组织形式、合同、知识产权保护、税收和社会保险费的相关专业问题、如何规避这些风险，创业者必须有清醒的认识和必要的专业知识，在接触财务管理知识的同时，还要加强法律意识，学习防范风险，甚至应该接受相关培训和技能训练。

（四）劳动法规知识

在市场经济条件下，任何企业的任何经济行为无疑都存在着各种各样的风险，对于一个初入门槛的创业者来讲，其进行的创业活动所面临的风险，则更容易出现。原因主要是在行业经验、管理技能等方面存在的短板比较多。因此，创业者必须具有风险意识。

我国颁布了《劳动法》《劳动合同法》等相关劳动法律，在法律和机制上保障、鼓励创业，促进以创业带动就业。反之，作为创业者也必须遵守法律

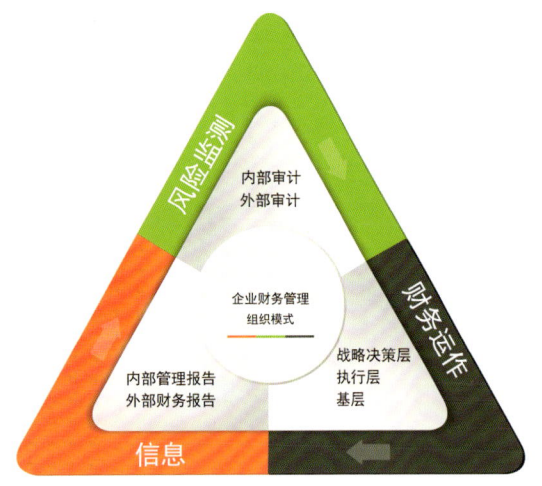

图3-2-4　企业财务管理组织模式

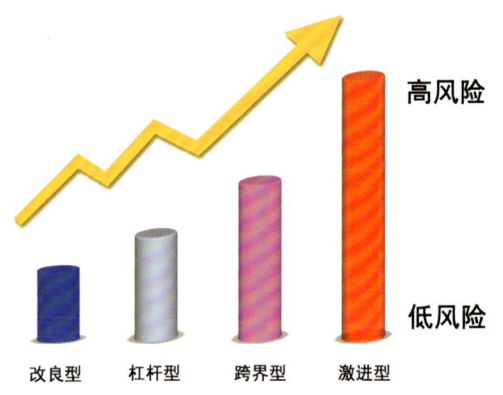

图3-2-5　创业技术划分

法规，尊重职工的权益，依法订立劳动合同，注意劳动保护和安全，交纳社会保险金（养老、医疗、失业、工商、生育）等，这不仅是企业对员工的法定责任，也是保护企业良性发展的法律基础。

三、风险规避

风险规避是风险应对的一种方法，是指通过有计划的变更来消除风险或风险发生的条件，保护目标免受风险的影响。风险规避并不意味着完全消除风险，我们所要规避的是风险可能给我们造成的损失。

（一）创业风险类型

风险是不确定因素和结果的混合体，且与企业的决策、行为和后果联系紧密。在创业阶段，创业者的身体与心理素质、健康原因、专业知识、心理状态等主观因素，以及市场变动、政策变化、竞争对手、资金等客观因素导致创业发生变数，是客观存在的。

创业活动过程分为四个阶段：识别与评估机会，准备与撰写创业计划，确定并获取创业资源，新创企业管理。每个阶段都存在着各种风险。

1. 机会的识别与评估风险（如图3-2-5所示）

（1）改良型：利用现有的市场、现有的技术；

（2）杠杆型：利用新的市场、现有的技术；

（3）跨界型：利用现有的市场、新的技术；

（4）激进型：利用新的市场、新的技术。

机会的识别与评估风险是指在机会的识别与评估过程中，由于各种主客观因素，使创业一开始就面临方向错误的风险，如信息获取量不足，把握不准确或推理偏误等。另外，机会风险的存在，即由于创业而放弃了原有的职业所面临机会或者带来的风险，也是该阶段存在的风险之一。

2. 准备与撰写创业计划风险

创业计划往往是创业投资者决定是否投资的依据，因此合适的创业计划会对创业产生影响。创业计划制定过程中的不确定因素与制定者自身能力的限制，也会给创业活动带来风险。

3. 确定并获取创业资源风险

确定并获取资源风险，指由于存在资源缺口，无法获得所缺的关键资料，或即使可获得，但获得的成本较高，从而给创业活动带来一定风险。

4. 新创企业的管理风险

新创企业管理风险是指在管理方式的建立与执行、企业文化的选取与创建发展战略的制定与组织、营销手段的贯彻与实现等各方面管理中存在的风险。

（二）认识风险实质

创业具有风险性。经过市场调研后，原始的创意可能被否定。从技术到产品的过程，随时都可能会失败；营销、竞争等任何一个环节的失败都可能会使企业受挫。因此，要清楚地认识到任何一种风险都会造成物质和精神上的损失，风险和损失都是需要创业者来承担的。

对于任何一个创业期的企业来说，由重大风险演变而成的损害都是难以接受的。在风险还未成型之前，若能采取及时而有效的防范措施，避免损失的出

视，那么风险可能会变为机会。规避且运用风险，把握恰当，不但可以化险为夷，甚至还可能是一个大好时机。我们要学会在风险中寻求机会并创造收益。

（三）规避风险的方法

规避风险的前提是了解风险的基本要素构成、风险形成的必要条件和风险存在的充分条件。构成风险损害的是发生风险事件，作为连接风险因素与风险结果的桥梁，风险事件是内外部因素发生预料未及的变动从而导致风险结果的事件，它在整个风险中占据核心地位。从理论上讲，规避风险事件的发生是避免风险损害的首要问题，而做好规避风险事件发生的准备，制定一些遏制的措施，风险损害就无从谈起。规避风险的方法有很多，总结来看有以下几个原则。

1. 把握创业时机

创业时机本身包含着风险因素。所谓创业时机有两个需要探讨的概念，一个是大时机概念，指的是整个社会经济和行业发展的宏观环境；一个是小时机概念，指的是当下季节的整体流行趋势，公司成立和产品开发的时间。

2. 重视市场的导向作用

由于小型企业首先需要解决的是市场生存问题，所以，在没有实力引导市场之前，一切经营行为必须重视市场导向。制定合理的经营目标，要求创业者将自己的目标值确定在力所能及或者通过努力可以达到的范围。

3. 抓住可行的项目

项目可行，预示着风险频率和风险度的降低。有目的、有意图地推进项目，这样能够更快地抵达中心。

4. 及时果断地处理矛盾

出现问题并不可怕，可怕的是解决问题的态度与再次发生错误。也许客户可以做到原谅因为本方的过失造成的直接损失，但却难以无视由这种过失为其带去的间接损害，特别是当这种间接损失大于直接损失。

5. 合理的延伸业务

延伸业务也是延伸投资。在主营业务相对成熟的基础上，可发展相关联的业务。随着时代变化，执行了一段时间以后经营理念必须经过更新换代，才能克服隐藏在经营理念中的风险因素。风险规避是需要设计的，良好、积极、有效地设计可降低风险和增加收益，结果将直接影响企业的经营业绩（如图3-2-6所示）。

四、精神准备

创业，是一件风险极高的事情，需要创业者做好充足的思想准备，行动之前鼓足勇气，将风险回避到最小程度。

1. 树立正确创业观念

（1）坚持是一切创业的首要条件

学生创业已成了时下的一股热潮，首先要面临的问题是坚持，因为坚定的信念是创业的必要因素，盲目的创业是不可取的。

创业是一个复杂、艰辛的历程，面对激烈的竞争环境和沉重的创业压力，学生一旦决定要创业，就应积极地培养自己的创业素质，掌握必要的创业技能。创业是一种挫折学习，在过程中需时刻坚定自己的目标，不断向着目标前进。创业的过程还是一个不断做梦、圆梦的过程。创业的成功是思想上长期准备的结果，事业的成功总是属于有思想准备的人，更属于付诸创业实践行动的人。

（2）不论是单打独斗或是团队合作，都需要有极强的执行力：

作为一个创业者，首先一定要对自己开创的公司进行一个准确的定位和长远的规划。只有对自身

图3-2-6　规避风险的方法

素质有一个客观、理性的认识，然后通过学习和实践不断提高自身的专业素质与实际操作技能，最终才可以凭借自身的智慧与勇气走向成功。

2. 自评开拓创新能力

一个人之所以与众不同，是由性格、习惯、行为和内在驱动力决定的。如果想获得别人尊重，就应该养成良好的工作习惯，把习惯当成自己的风格，就离成功之路更近一步了。

①制定目标，并努力实现。制订一个切实可行的目标，并尽自己最大的努力去实现，天天坚持做，一定会取得成功。

②乐于助人。你的知识与资源、时间与精力、友情与关爱，从而持续为他人提供价值，那么在帮助他人的同时，会获得更多的快乐、朋友、关爱和宽容。

③建立良好的人际关系。创意行业需要宽广、不同层次的人际关系。例如：领导圈、运动圈、音乐圈、时尚圈、美食圈、旅游圈等。

④编织人际圈。编织好人际圈子并不断扩大，定期与圈里朋友保持联系。沟通聊天，业务也就自然开展了。

⑤勇敢和自信。具有勇敢和自信的品格，不断修炼自信心和勇气，努力在创业的时候把握机会。诚信做人，一言九鼎。做不到的事，要告知对方并及时说明理由。对人负责就是对己负责。

⑥成功是属于有准备的人。准备好心态、时间、精力、资料、知识，这样才会获得成功。

⑦做好规划。对每天的工作，重要的事情，一定要按时间轻重缓急顺序列清单，并在计划的时间内完成。

⑧多读书，多运动。坚持读书，并能静下来思考，这不仅能扩充知识面，提升见识，这些功课点点滴滴积累，一定能取得很大进步。运动之余多读书，保持愉悦的心态。

⑨懂得分享和向他人学习。要及时与朋友分享心得、才华、能力、经验、感知、经济、新闻、意识、激情。三人行必有我师。多与比自己某方面更厉害的人学习、讨教、沟通交流，将会获得更多的能力和知识。

⑩高效工作。形成高品质的工作风格，提升工作效率，也等于在提升工作绩效。

⑪训练表达能力。每天进行语言表达训练，只有这样才能获得更好的表达技能，使自己在公共场合表达和沟通更自如。

⑫要善听。听懂对方的意图、想法、目的，才能更好地理解别人或被他人理解。

3. 增强承受风险意识

要想取得创业的成功，创业者必须具备自我实现、追求成功的强烈创业意识。只有具备处变不惊的良好心理素质，才能在创业的道路上竞争进取、顽强拼搏，才能从小到大，从无到有，创出属于自己的一番事业。创业前要认真思考、反复评估，考虑成熟再行动（如图3-2-7所示）。

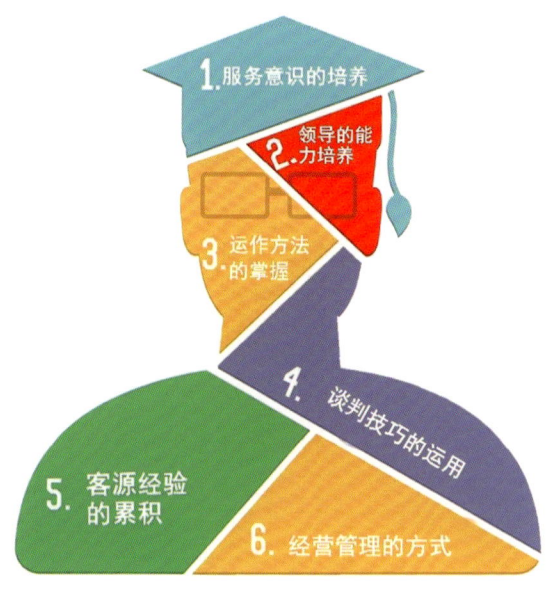

图3-2-7　创业经营管理的策略

第三节　创业前期准备

一、人文修养和社会能力

创意行业是智力"优势群里"积聚的行业，他们通过创业能发挥其在创造性思维和高新技术等方面的优势。虽然缺少经营管理经验，但是尽一切可能去认识、结交各领域的有识之士，配备各种管理人员协助创业，可以最大限度地降低失败的风险。挖掘每个人身上的潜能要反省式地认识自己、探寻自己、向自己学习，是重要的途径和方法。

（一）如何认识自己

创意设计行业是启发心灵、富有活力的行当，需要从业者对自身的能力有清晰的认识和定位。有自知之明，认识自身独特的禀赋和价值，了解自己身体和能力的限度，正确对自身作出评价。只有清晰地对自身进行定位，才能在创业过程中走得既远且稳。人脉包括创业伙伴、潜在客户、策略伙伴等。创业除了创业金，开发业务时的冲劲、沟通谈判时的自信、管理员工时的耐心、面临挫折与压力时的沉着冷静等，都是创业者必备的性格要素。

（二）需要的优质

一个优秀的创业设计师需要坚忍、宽容、自省、纳新的品质。人的行为和涵养是综合素质。那么创业者的特质有哪些？首先，创业者必须是个诚信而且勇于负责的人。任何人、任何企业都不能保证自己的产品、服务不会出问题。不要害怕出问题，而是要重视出现问题后勇于面对问题，敢于承担责任。对人要忠诚。忠诚是最好的投资，忠诚的回报就是信赖。创业途中，由于自由的工作状态和各种诱惑，要求创业者必须自律。

（三）社会能力的表现

创业是极具挑战性的社会活动，是对创业者自身智慧、能力、气魄、胆识的全方位考验。要想获得创业成功，必须具备基本的社会能力。

1. 经营管理能力

经营管理能力是指对人员、资金的管理能力。它涉及人员的选择、使用、组合和优化；也涉及资金聚集、核算、分配、使用、流动。经营管理能力是一种较高层次的综合能力，是运筹性能力。经营管理能力的形式要从学会经营、学会管理、学会用人、学会理财、讲诚信几个方面去努力。

2. 决策能力

决策能力是指通过分析、比较，在若干种可供选择的方案中选定最优方案的过程。决策能力是指决策者在这一过程中的行为能力。决策是一个包括提出问题、确立目标、设计，从几种备选的行动方案中做出抉择的过程，需要决策者最终拍板定案。这类事件往往是企业遇到的既无先例也无规律可循的新问题，在此情况下做出选择需要承担一定的风险。换而言之，只有冒一定风险的选择才是决策。由于经营企业是非常复杂的社会化活动，因而，领导者面临的决策也是多种多样的。具体来说，可以分为三种类型的决策：一是战略型决策，即事关企业发展方向的重大的全局性决策；二是管理型决策，即为保证企业总体战略目标的实现而解决局部问题的重要决策；三是业务型决策，即为解决日常工作和作业任务中的问题所作的决策。

3. 交往协调能力

交往协调能力是指能够妥善地处理与公众（政府部门、新闻媒体、客户等）之间的关系、协调下属各部门成员之间关系的能力。创业者应该做到妥当地处理与外界的关系，尤其要争取政府部门、工商以及税务部门的支持与理解。创业者搞好内外团结，处理好人际关系，建立一个有利于自己创业的环境，为成功打好基础。以下为创业者在人际交往中三个重要的因素。

（1）自信心。富有自信心是获得社交成功的首要因素，一个人只有具备适当的表情和语言等技巧，才能把许多有能力的人吸引过来。

（2）脸部表情。作为最重要的沟通媒介，脸部的微笑是最好的社交工具。

（3）好心情。除了脸部表情之外，还必须调整好情绪，尤其是传染负面情绪的心情。因为来自大脑的不良情绪信息会传递到脸部肌肉，后者接收到信息之后会产生相对应的情绪感受，牵动脸部肌肉。因此，保持好心情则可以防止脸部僵化（如图3-3-1所示）。

二、专业知识和技术能力

进入21世纪以来，创业已不再是少数经营的"创业童话"，而被认为是新世纪社会发展所需的社会性、民众行为。创业也被认为是可以通过学习来实现的，创业者可以通过教育来培养和塑造。

（一）专业知识贮备

创意企业人员主要是知识型劳动者，拥有能激发出创意灵感的设计高手和特殊专才。如何提高设计水平的七大秘诀。创意设计是一门技术，更是一门艺术。我们要留心观察周围的人和事物做一个有心人，同时还要做一个具有责任心的创意工作者，时刻在观察生活、关注设计。

1. 看与记

一个好的作品总是给人留下深刻的印象，而那些闪光点或者说是灵感，总能在不经意间撼动你的心。看到这些东西的或许是个路人，或者是一名鼎鼎大名的设计师。但是，他们都有自己的看法，在留心生活的同时，把它们记录下来。

2. 养成好习惯

能让设计师受益匪浅的好习惯之一就是整理好自己的文件。文件的命名方式及以保存，可以以日期或者项目名称来保存文件。文件名要层层深入，以便在最短的时间内寻找到。要学会保存资料，不管是平时的练习稿还是正式稿。不要以为这是怀旧情结，实时对过去反省，看着自己一点点进步，自我鼓励，总能有意外的收获。

3. 善于交流

从人类语言产生以来，沟通便开始了。即使语言不通，人们也能通过手势等肢体语言进行交流。面对一个不谙世事的孩子，我们能很容易地举例子告诉他为什么苹果会掉落到地上。那为什么不能耐心地跟他人讲明自己的想法或者观点呢？

4. 专业精神

要想得到客户的尊重，任何有失专业水准的行为都是没有借口的。在所提供的服务中，专业精神应该是一项重要内容。专业水准很重要，即使客户不直接抱怨，也可能会敬而远之，渐渐疏远你。

5. 多提问题

客户喜欢的是那些对项目了如指掌且兴致盎然的设计师，因此，在聆听客户介绍设计要求时，一定要表现得兴致盎然、主动积极，并且此前一定要用相关的信息和知识武装自己，只有这样才能把项目拿下来。

6. 态度积极

客户看待设计师的工作方式，完全取决于设计师自己的整体态度。设计师应随时保持一种愉悦的心态和专业的精神，保持微笑，乐观，轻松。

7. 数据管理

充分利用数据库来储存客户的联系方式，且要花时间不断更新（如图3-3-2所示）。

（二）技术技能养成

1. 素质培养

素质就是构成我们人品的基本因素，也是基本世

图3-3-1 创业者能力素养

图3-3-2 提高设计师水平的七大秘诀

界观。一个设计师想要设计出好的作品来，自身就必须具有较高的素质。首先，要有积极健康的世界观，要热爱自然、热爱人类。才能设计出人们喜闻乐见的作品，让人们感受到世界的各种正能量，激起人们生活、工作的热情。其次，要有高度的社会责任感。要求设计师在设计时要向受用者传达出健康的审美趣味，从实用、经济和生态的角度出发，减少物资和资金浪费，维护自然资源的延续和发展。

2. 知识建构

现代设计处理的是人、自然和社会之间的关系，设计师要想设计出好作品，就必须培养和建构起一个基础知识、专业知识以及其他相关知识的综合知识体系。

3. 能力训练

一个好的设计师必须具备敏锐的感受能力、分析能力、创造能力、审美鉴赏能力、表达与沟通能力以及市场预测能力。创造能力最为重要，因为设计的本身就是创造。

4. 技术养成

熟悉相关行业必要的硬件、软件设备环境及要求，并能及时更新自己的技术能力，提高创意表现力及创业效率。审美情趣的培养是提高设计水平的途径之一，自己要能审美，能发现美，才能创造美，美不是凭空而来的。想要不断提高自己的审美情趣，就要多学习多操练，还需要树立正确的设计观。

不同的设计观，对设计本质有不同的认识。掌握前沿知识和培养一种批判性的思维有助于掌握更好的设计技术。

三、自我能力评估和择业

（一）自我能力评估

评估过程是一个不断学习的过程，自我评估是个体选择和规划职业生涯的第一步，理性客观的自我评估结果决定着个体职业生涯发展的质量。一份有价值的自我评估必须要忠实。对你自己撒谎不会有任何帮助。对你想要从事的职业，你要理解并应该感到很快乐。对自己，对社会，都是一件重要的事。要进行自我定位：

1. 了解自己的短处

承认有些事情你的确做的不是很好。不要因为某些外界因素而去从事自己原本并不擅长或者喜欢的工作，否则，随着年月增长必然会有一段郁郁不乐的日子。而且，所谓的成功也可能因为活力的消退而丧失。

2. 知道自己的长处

你应该了解自己擅长哪些方面，就是你喜欢做而又做得比别人好的事情，不管你目前担任怎样的角色，了解自己的在某些方面的长处对成功很重要。

3. 建立人际关系网

创业很大程度依赖于良好的社交网络。良好的人际关系网需要经营很长一段时间，这考验的是一个人的人品和耐力。

（二）择业

择业，就是择业者根据自己的职业理想和能力，从社会上各种职业中选择其中的一种作为自己从事的职业过程。任何已具备劳动能力的人，都要进入社会职业领域选择特定的职业。在职业选择过程中，择业者不仅要考虑到个人的需要、兴趣、能力等因素，还要考虑社会发展的需要。择业类型多种多样：

创意设计类小型企业按大的经营方向可以分为设计公司、咨询公司、制作公司等。不同国家的创意产业分类总体涉及十几项产业：视觉艺术产业、音乐与表演艺术产业、文化展演设施产业、工艺产业、电影产业、广播电视产业、出版产业、广告产业、设计产业、数字休闲娱乐产业、设计品牌时尚产业、创意生活产业、建筑设计产业。按照企业运营方式来分可分为实体公司、网上开店、实体与网店结合等。

创业者在开始事业时，首选是国家政策鼓励和支持并有发展前景的行业，其可能成为未来社会发展的主导产业。在真正选择行业之前，要认真进行市场调研，适应社会需求，不仅要了解市场，迎合市场，还要创造需求，创造市场。在择业的过程中，应注意发挥自己的个人长处以及选择自己有经验或有兴趣的行业。

第四章
欣赏与分析

4

第一节 相同元素的不同产品设计
—— 以《西游记》中孙悟空形象文创设计为例

悟空

孙悟空是中国神话故事《西游记》中充满传奇色彩的英雄人物，他勇敢机智、积极乐观、爱憎分明。通过对孙悟空形象的分析，对其形象再设计，即可将悟空形象创新应用于戏剧、皮影戏、剪纸、面塑等民俗工艺中，书签、手机壳、开瓶器、面具、公仔、手伴等创意产品中，戒指、项链、耳环等配饰中，或者影视人物、游戏人物、海报等的形象设计中（如图4-1-1所示）。

*本节图片资料主要源于网络的搜集，因各种原因原始作者未能逐一确定，向所有作品原创者致敬，感谢您对教育事业的大力支持。对所造成的不便敬请谅解，如有任何问题请与编者联系（刘同帅收集整理，王俊涛指导）。

图4-1-1 孙悟空形象文创设计案例

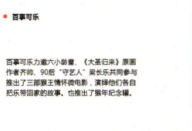

图4-1-1　孙悟空形象文创设计案例（续）

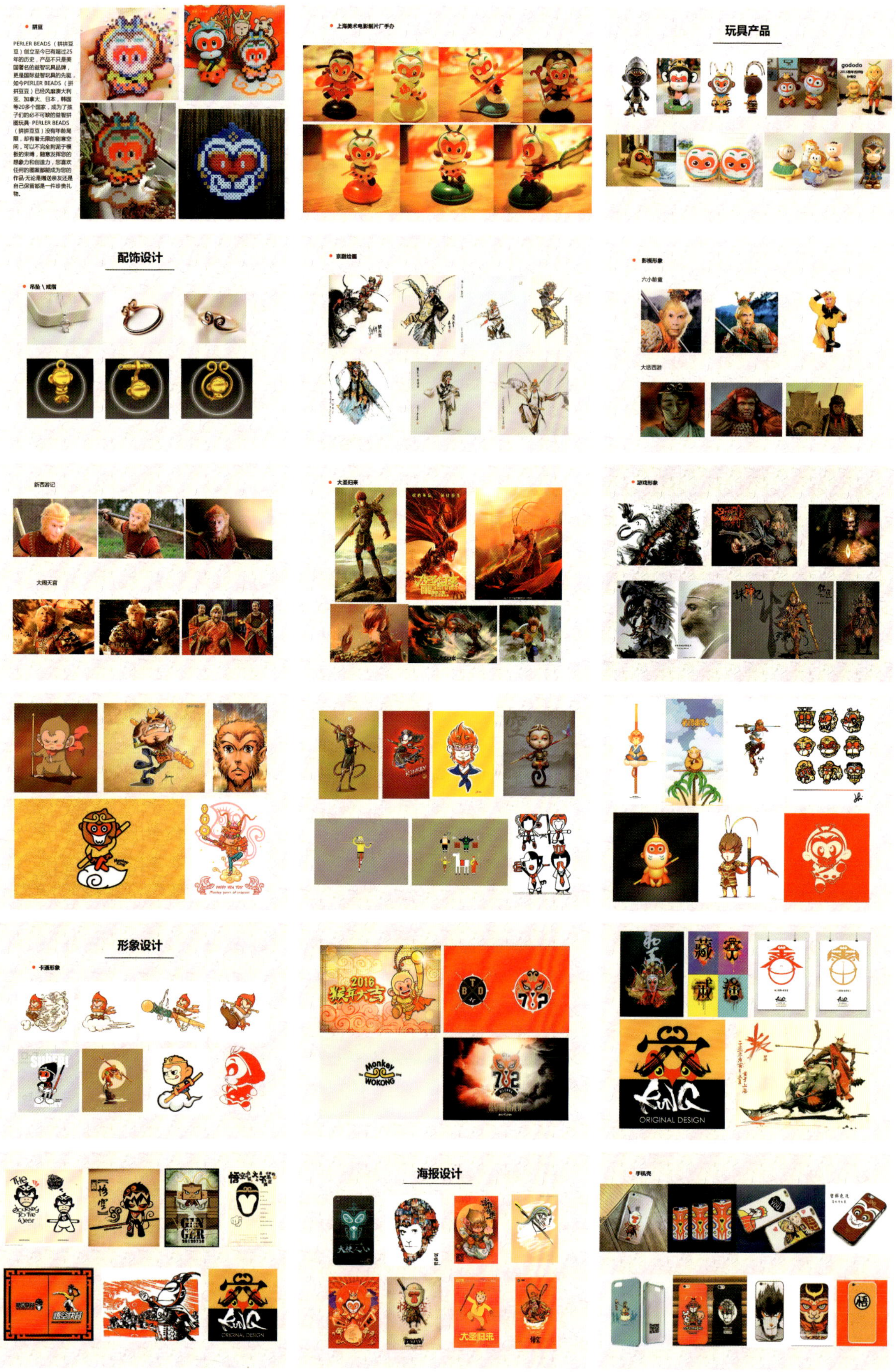

图4-1-1 孙悟空形象文创设计案例（续）

第二节 相同工艺的不同产品设计
——以哈密刺绣工艺文创设计为例

哈密刺绣是新疆传统的少数民族工艺，也是国家级非物质文化遗产保护项目之一。哈密维吾尔刺绣将维吾尔文化与汉族文化融在一起使其散发独特魅力。维吾尔刺绣体现了维吾尔族人民对美好生活的向往，同时突出了其纯真古朴的民族性格。哈密维吾尔刺绣从美化服饰开始，发展到装饰家居、艺术珍品，如今越来越多地与现代产品结合焕发新的生机。此次项目将刺绣元素融入手表、相机带、耳机、抱枕、板凳中，设计出了多款受人欢迎的现代产品。

＊本节设计案例，由北京灌木互娱文化科技有限公司友情提供，感谢灌木公司为本教材提供的学术支持。

图4-2-1 哈密刺绣工艺文创设计案例

第三节　文创品牌的塑造与经营

——以"一个玩偶的创业传奇"自主品牌"魔鬼猫"为例

几年前，大部分人都在做着内容型IP，都想着怎样在儿童市场占有一席之地。魔鬼猫选择了一条特立独行以青年人为定位人群而开发内容和产品的路，品牌特质：潮、酷、炫，偏离了常规IP品牌卖萌可爱的路线。也与传统动漫公司单一过重内容投入不同，魔鬼猫以衍生品为核心，致力打造一个中国本土顶级的原创动漫品牌。致力于成为第一个国际化中国本土IP品牌，打造带有现代中国文化风格的酷潮文化体系。核心定位人群是从叛逆期开始的15-29岁年轻人，品牌口号：吞噬负能量！使命：为中国创造国际化超级IP。愿景：将魔鬼猫打造成世界最酷IP（如图4-3-1所示）。

魔鬼猫的IP衍生品已授权百余品类，涵盖了服饰、数码3C类、家居类、箱包类、生活快消品、玩偶类等，魔鬼猫的主题餐饮、主题游乐园也已筹备运营。衍生产品上市两年销售额突破2亿，线下合作实体店数量近万家，是中国当下最具成长力的原创动漫IP。魔鬼猫最开始的两年，表情包、衍生品、互交媒体、脱口秀、短剧、网剧、手游方面都进行了诸多尝试，发现整个产业链是很庞大的，初创型的公司不可能把所有环节都做到，只有把自己很擅长的那个点做到很垂直很深入，才能吸引和横向整合各个环节的优秀资源（如图4-3-2至图4-3-4所示）。

魔鬼猫授权的第一款衍生品——魔鬼猫音魔头

 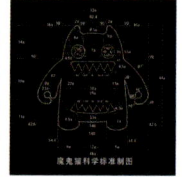

图4-3-1　ZombiesCat®魔鬼猫——为成为国际化IP而生

图4-3-2　中国暗黑酷潮第一品牌——【魔鬼猫 ZOMBIESCAT】

图4-3-3　魔鬼猫 ZOMBIESCAT音乐节

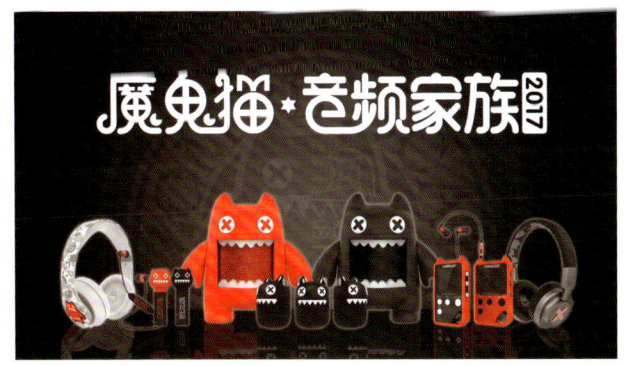  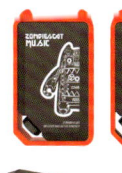   

图4-3-4　魔鬼猫音频家族

图4-3-5　魔鬼猫 音魔蓝牙头戴式耳机系列

戴式耳机，成为持续到现在的爆款，魔鬼猫音频类的产品，迎来了井喷式的爆发。2017年是魔鬼猫在产品方面成长最迅速的一年，授权了很多电子产品，基本都集中在音频这个领域。共同形成了一个音频家族，包括耳机、麦克、音响、播放器等跟音频有关的产品都覆盖到了。常规的消费产品已经不能满足新一代消费者的购买心理需求，传统行业需要优秀的IP方对其产品文化加成，重新获得新零售和新形式的市场。魔鬼猫通过自身文化体系、营销、渠道与合作方的渠道销售产品并进行推广与销售，达到了双赢的局面，证明了IP授权模式在中国的市场将拥有无限的潜力（如图4-3-5所示）。

当下年轻人追求个性时尚，并且不再像上一辈那样过多迷信国际品牌，魔鬼猫看中这点打进潮牌市场。对于一个潮牌来说，服饰类绝对是重要的一环。作为本土IP中第一个独立运营服饰品牌，并且成为第一个可以进入高端渠道连锁的IP，魔鬼猫实行的是实行高举高打策略，重金拿商场最好的楼层和国际品牌区，魔鬼猫服装店第一阶段只开在国际一线大牌的区域，如APE、BOY LONDON、ZARA、LEE、CK、NIKE、星巴克之类，目标覆盖全国各一线年轻化商业中心体。魔鬼猫服饰潮品连锁店全国一线商场布局，2017年全国落地50家，2018年200家，2019年500家，2020年1000家左右，目标覆盖中国所有一二线城市。魔鬼猫未来不仅是一个年轻人的酷潮IP，更是一种年轻人的生活场景、生活方式、生活态度。

互联网时代，线上电商、消费人群年轻化的冲击让传统购物中心面临危机，近几年渐渐转变为体验为王的模式，而快闪店和IP主题展随着购物中心运营思维，从静态展示销售转到动态互动体验的革新。2016年，魔鬼猫首次以快闪店的模式进入了九方购物中心，顿时成为热门话题。紧随其后的KKONE、海岸城、佳兆业等商场都拿下了魔鬼猫的授权进行IP主题展。购物中心愿意让优秀的IP在寒暑期档、节假日、周年庆等日子，以IP主题展的形式进驻，通过粉丝效应来增加商场的人流量。未来，快闪店和IP主题展的模式将会成为商场营销的一种主流趋势。

总结：IP（知识产权）经济+本土消费升级+文化范娱乐领域中的独角兽——魔鬼猫（如图4-3-6至图4-3-13所示）。

图4-3-6　魔鬼猫音魔头戴式耳机

图4-3-7　魔鬼猫　音魔魔麦系列

图4-3-8　魔鬼猫　音魔入耳式耳机

图4-3-9　魔鬼猫　音魔音箱

图4-3-10　魔鬼猫　音魔音箱Z1

图4-3-11　魔鬼猫服装设计

图4-3-12　魔鬼猫店面设计

图4-3-13 魔鬼猫品牌线下活动
*本设计案例由深圳魔萌动漫集团董事长雨海先生（魔鬼猫IP创始人）提供，感谢您对本教材提供的学术支持。

第四节 "城市印象"主题文化产品设计

"城市印象"主题文化产品设计是城市根据自身的历史文化、景观、民俗、方言等作为创意元素的系统规划设计，是一个城市在人头脑中的第一印象的折射。

"城市腔调"系列是针对山东烟台开发的城市主题项目。项目回归烟台传统文化，回味烟台"老味道"，品味烟台城市腔调。视觉方面对烟台的一些著名景点进行了元素提取，有烟台山灯塔、月亮湾、塔山、养马岛、西炮台、南山公园、小蓬莱、妈祖庙、塔山公园、张裕卡斯特酒庄；味觉方面从地方美食中获得灵感，有焖子、红富士苹果、福山拉面、鲅鱼饺子、糖酥杠子头火烧等；听觉方面聆听来自三仙山、渔人码头、九丈崖的悠扬之声，从视觉、听觉、味觉三个方面出发寻找烟台"印迹"，设计了一系列文化产品，有标志设计，名片、笔记本、T恤衫、帽子、杯子、手提袋等产品设计和体验馆、店面形象墙等空间设计（如图4-4-1所示）。

*本节设计案例，由烟台八分文化艺术交流有限公司艺术总监刘田军先生提供，感谢烟台八分文化艺术交流有限公司为本教材提供的学术支持。

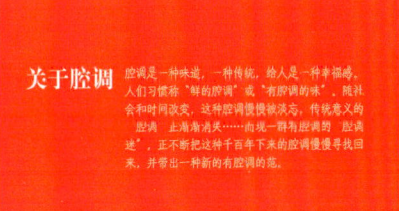

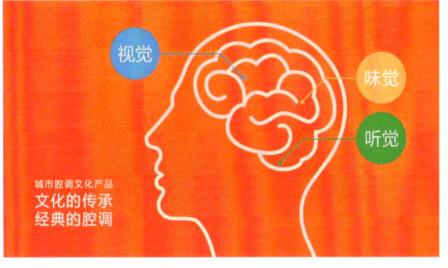

图4-4-1 "城市印象"主题文化产品设计案例

八分文化——
城市腔调

城市腔调——视觉印迹

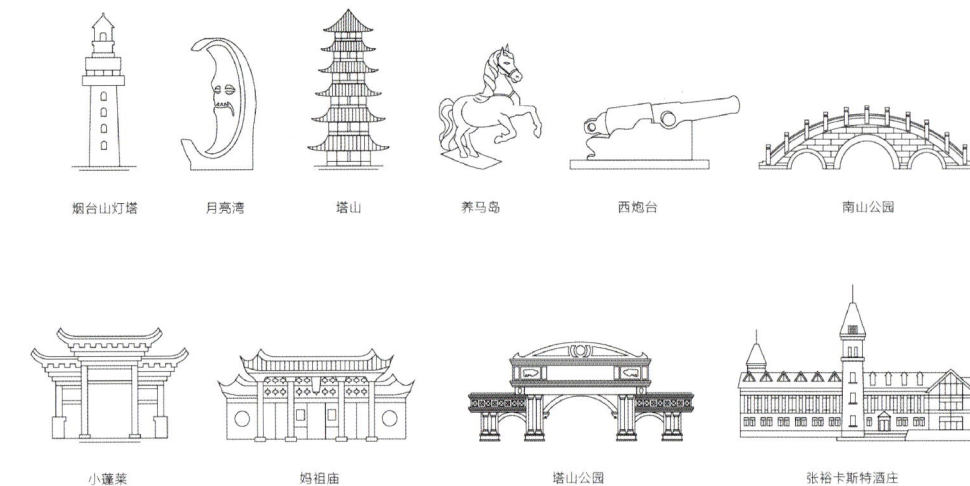

城市腔调——味觉印迹

城市腔调——听觉印迹

图4-4-1 "城市印象"主题文化产品设计案例（续）

品牌形象——标志设计

标志释义：
每个城市都有独一无二的腔调，logo采用连体字型的表现方式表达了城市与文化的密不可分。标志选用深棕色系作为标志的主色调，怀旧，经典。体现了烟台腔调独特的品牌气质。

标识组合

组合标志的单色形式

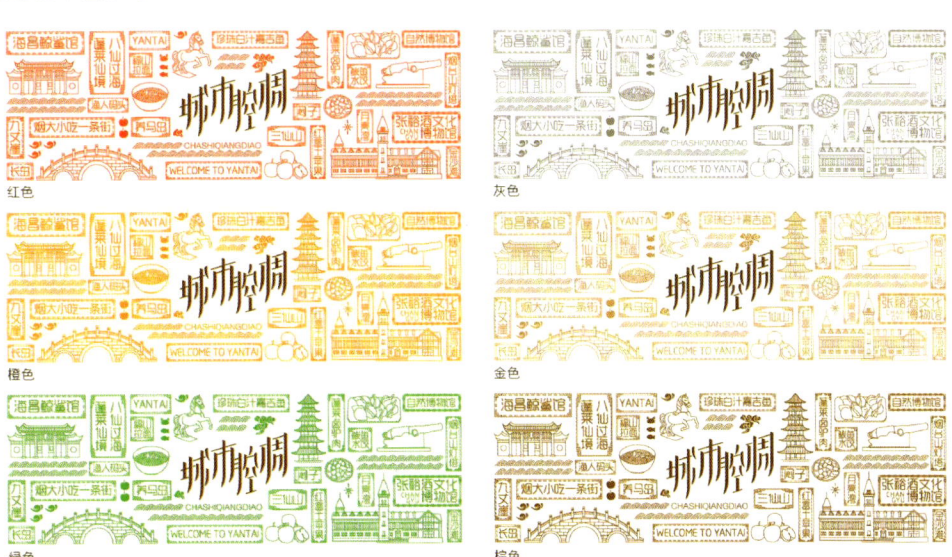

图案组合

图4-4-1 "城市印象"主题文化产品设计案例（续）

烟台城市文化符号现代设计中的转化方式

文化产品/鼠标垫、笔记本/抱枕

以烟台苹果、莱阳梨为元素结合现代插画设计研发的抱枕

图4-4-1 "城市印象"主题文化产品设计案例（续）

第五节　少数民族文创产品设计开发
——哈密旅游系列设计

少数民族文创产品设计开发要了解其民族文化传统、尊重其风俗习惯，对本民族的服饰、礼仪、信仰、禁忌做充分的调研，找出与其他民族的不同点，针对其特色进行设计元素的深入梳理，在咨询该领域专家后，方可实施设计计划。

哈密位于新疆北部，自古就是丝绸之路的咽喉。其地理位置特殊、民族特点多样化，根据这些特点我们对其进行了详细的特征分析，进行了新疆·哈密旅游项目的设计。选取了最具代表性的天山、毛毡房、魔鬼城、哈密瓜、沙鸣山、维吾尔族人民等元素，进行了多套标志设计、四种插画设计以及丝巾、干果、明信片等产品设计（如图4-5-1所示）。

*本节设计案例，由烟台八分文化艺术交流有限公司艺术总监刘田军先生提供，感谢烟台八分文化艺术交流有限公司为本教材提供的学术支持。

图4-5-1　哈密旅游系列设计案例

色彩应用

标志应用

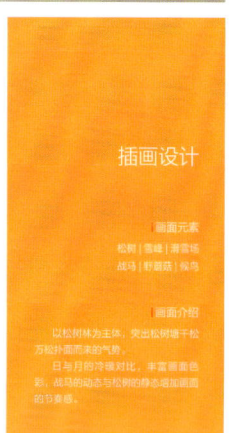

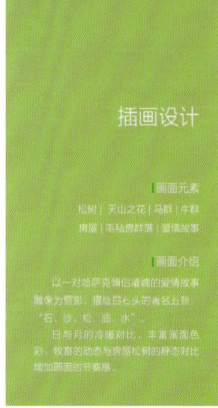

图4-5-1 哈密旅游系列设计案例（续）

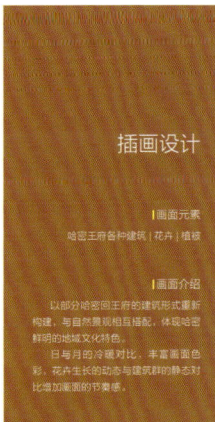

丝巾 设计

设计说明

丝巾 设计

使用方法	产品特点
配饰用品	方便携带，可用微手
材质规格	卷，发圈，衣饰。
真丝/55cm × 55cm	
包装材质	产品定位
特种纸纸壳	大众消费
市场价格	
RMB 58元	

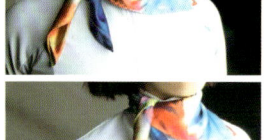

干果包装 设计

设计说明

干果包装 设计

使用方法	
食物	
材质规格	
外包装48cm × 12cm	
内罐8cm × 12cm	产品特点
包装材质	送人佳选，大方美观。
特种纸印金腰带	产品定位
市场价格	中高端消费
RMB 158元	

明信片邮票 设计

设计说明

明信片邮票 设计

使用方法
书写邮寄
材质规格
外包装 16.6cm × 10.5cm
内 芯 16.5cm × 10.2cm
外包装 7.2cm × 1/cm
内 芯3cm × 2cm
包装材质
白卡纸 腰带
市场价格
明信片 RMB 35元
邮 票 RMB 20元
产品特点
方便轻巧有纪念意义。
产品定位
大众消费

图4-5-1 哈密旅游系列设计案例（续）

第六节　非遗传承与民艺设计开发

一、山东高密"泥老虎"形象设计开发

高密泥老虎是山东地区极具特色的民俗工艺品，其形象可爱生动，色彩搭配兼具民俗性和后现代艺术作品的抽象性，老虎形象更有中国传统文化中平安、威武等美好的寓意。此套设计就是在泥老虎形象的基础上通过抽取、概括、变形等设计方法一步步将其与现代工业设计相结合，分别尝试了平面化的小产品设计及更深入概括和变形的餐具设计。通过不同的设计方法，试图为泥老虎形象和其他中国传统中优秀的形象在工业化大背景下与工业产品结合找到一条适合的道路。在这个过程中，要考虑到对中国元素特点的保留，其形象与产品形态、功能的结合，以及中国文化影响下特有的生活习惯及对产品特有的心理和使用需求。

图4-6-1 《虎虎生威》——基于泥老虎形象的产品设计 作者：毕磊，导师：王俊涛 2014年。该作品初评入选第十二届全国美展艺术设计展（文化部、中国文联、中国美协）

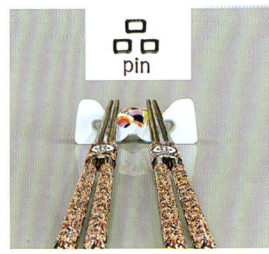

筷子托设计
筷子是东方饮食方式和餐具文化区别最明显的体现，在中国讲究的饮食场合，筷子一定要有而且必有，筷子就成为饭桌上极具趣味性和装饰性的餐具，它不仅有对食物的美的尊重，对客人的尊重，对饮食行为的重视，这是对中国饮食文化的整理展示。此筷子托设计以泥老虎形象头、部轮廓为原型，对形体进行概括处理，依托功能基座更注重其玩味性。

Chopsticks Holder
Chopsticks is the most obvious difference between eastern and western diet cultural, in formal Chinese diet occasions, there must be chopsticks holder, it can be extremely funny and decorative, it conveys the respect to food and guest, and great importance to the eating behavior, it is the philosophy show of Chinese food culture. Its design prototype is the head outline of the clay tiger image, then sum up its form, relying on the function and more attention to its interest.

点心盒设计
点心在中国饮食体系中"点心"有自己的地位，它虽算不上主点，但是点的作用在中国人的膳食过程中不可不替代，它也是，点心盒也就成为中国餐具里极具特色的器皿。这款点心盒以泥老虎形象中的部形状为基础形变化而来，对剩余空间做出基本造型剩下泥老虎面部中的装饰性水滴形，色彩方面大胆选用漆红色，结合泥老虎装饰纹样，整体艳丽而不失庄重，讨孩子和女性的意。

Snack box design
In Chinese diet system, there is status of snacks, although it isn't the key, but it can not be replaced, so snack box is also extremely special, this kind of clay box was based on the tiger's foot shape and then deformation, the figure at the top of the hollow out the basic design type comes from the decorative water droplets form in the clay tiger image. I choose bold color like lacquer red color combined with clay tiger adornment patterns, the whole design looks bright and gorgeous, children and women will more like it.

汤盅设计
煲汤是中国人尤其是南方人特有的一种对美食的加工方式，其精髓就在"煲"这个关键步骤，其实用方式十分讲究，此作为汤盅与食的共同容器也就变得十分重要。此款汤盅设计就是采用泥老虎象的嘴部形状，两个煲盅为一组，以一个底座相组装。对称从而呈现一种端庄之美，底座中都有固定汤勺的凹槽，更方便使用。

The soup cup design
Cooking soup is a kind of food processing way in the south China, its essence is the key step in the pot, its drinking method is very exquisite, thus the pot cup will be very important, this prototype of soup cup was from the mouth shape, two pot cup as a group, to a base assembly. The symmetry presents a kind of elegant beauty, in the middle part of the base is fixed with a soup ladle, more convenient to use.

酒水双杯设计
饮酒在中国人饭桌上有着特殊的内涵和意义，其方式区别于西方饮成红酒和啤酒的方式，白酒的特殊决定其成品的特殊饮用方式，在餐桌上除了酒还要喝水或者茶，这款双杯设计就是将其组合在一起，将酒杯和茶杯组合成一套。其造型来源于泥老虎形象中鼻子的形状，分托座、小杯、大杯三部分，托座部分设计了凹凸纹理以区分材质并起到防滑作用。

Drinks double cup design
Drinking wine reflects a special meaning in the Chinese table, the way of drinking wine and beer is different from the Western way, liquor characteristics determine its way of tasting, people drink wine or tea when they have dinner, so they need two cups, the double cup design makes them together, the wine cup and tea cup called a pair. The prototype comes from the nose of tiger image shape, divided into base, little cup and large cup three parts, the design of the base part concave convex is to distinguish texture and play the role of anti sliding.

调味壶设计
中国饮食的一大特点就是一道美食的产生往往由制作者和品尝者共同完成，很多美食都需要在上桌之后经过二次加工，这就要求有一些调味器具，其中酱油、醋、椒酱、胡椒酱等最为常见。此设计就是由泥老虎象中耳朵的形状变形而来的一款调味壶。可为多角度放置，为其增添了趣味性，在实现基本功能的同时可更增加了于乐。

Seasoning pot design
A major feature of Chinese diet is that food often made by cookers and diners together, a lot of food needs to be processed two times, which requires some instruments to taste, with vinegar pot, soy sauce, cans, pot of chili peppers cans, such as the most common. This design was based on the ears shape of the clay tiger, and in transform into a pot of flavor. Multiple perspectives achieved basic functions as well as increased more interests.

精致小碟设计
中国菜讲究搭配，除食材、烹制方法的搭配，呈现形式的搭配也非常讲究。有些菜品的呈现显得丰富有分量，而有些菜就需要小巧精致，以此别中有细、细中有粗的完美搭配。一些菜品需要控制以体现它的精致与珍贵，这就需要别具品味的小碟。这些小碟设计以泥老虎象中嘴部形状为原型，贴合"成双成对"的美好寓意，可以组成各种独特小碟，给人讲究和独特的品尝体验。

Exquisite dishes of design
Chinese food emphasize collocation, not only the ingredients, cooking methods, forms of collocation is also very important. Some dishes need to be rich in component, and some of the dishes you need to achieve the delicate, rough, coarse fine in the perfect match. Some dishes need to control the quantity to reflect the delicate and precious it is. This requires the distinctive flavor of dishes, this set of dishes of design the tiger's mouth as the prototype, persist in pairs means beautiful, contains two exquisite dishes that bring us exquisite and unique tasting experience.

蘸盘设计
中国饮食行为与西方有很大区别，在对待一些搭配食用的食物时，西方人更多的选择淋酱和涂抹的方式，比如黄油和面包的搭配、黑胡椒和牛排的搭配，而中国人更多选取蘸料和调料的方式，这就要求有专门提供蘸料的小盘子或碟子。这款蘸盘设计就是有兼具两种能结合在一起，整体造像来自于泥老虎的形象，巧用蘸盘，宛如水滴形。

Dip plate design
Chinese eating behavior is very different from the western, in the treatment of some edible food collocation, Westerners choose shower more and way of painting, such as with the bread and butter, with black pepper and beef, and the selection of Chinese more dip and mixing way, which requires a dedicated dip small dishes or plates. While this dip disc design is will take the combined with dip two functions together. Water drop shaped overall imaging from the image of the tiger.

手机保护套
泥老虎美好的寓意，生动可爱的形象，丰富艳丽的色彩，都很符合年轻人的审美取向，因此设计了以泥老虎形象为原型的手机保护壳，材料以硅胶为主。

Protecting jacket for phone
The good implied meaning of the clay tiger, lively and lovely image, rich gorgeous colour, are very accord with the aesthetic orientation of young people, thus designed the new clay tiger image as the prototype of the mobile phone protection shell, which is made from Silica gel.

彩色铅笔盒设计
彩色铅笔是儿童十分喜欢的一种绘画工具，但现在的包装千篇一律，缺乏趣味性，这款以泥老虎形象变形而来的铅笔盒设计，既能作为包装出售，在使用过程中又具有收纳功能，充满趣味，迎合孩子的心理。

The box of color pencil
Color pencil is very popular in children drawing materials, but the packaging now are all the same, lacking of interest, so I designed this pencil case based on the clay tiger image, not only sold as a package but also can be a storage box, full of interest, catering to the child's psychological.

图4-6-1 《虎虎生威》——基于泥老虎形象的产品设计 作者：毕磊，导师：王俊涛 2014年。该作品初评入选第十二届全国美展艺术设计展（文化部、中国文联、中国美协）（续）

二、吉州窑——醒狮"小吉"IP文创设计

吉州窑——
醒狮"小吉"

吉州窑是一座具有高度艺术和历史价值、富有乡土气息的著名民间瓷窑，其兴于晚唐，盛于两宋，衰于元末，因地命名。吉州窑产品精美丰富，尤以黑釉瓷（亦称天目釉瓷）产品著称，其独创的"木叶天目""剪纸贴花天目"和"玳瑁天目"饮誉中外。洒釉、虎皮天目等也是吉州窑的标志性品种。

醒狮"小吉"是针对吉州窑设计的文创IP形象衍生品，即以吉州窑特定的文化背景、文化形态、以及文化内涵为基础，通过吉祥物IP形象的创造整合吉州窑文化元素。小吉形象生动有趣，朴拙沉稳，装饰纹样丰富，以植物、动物和吉祥文字为主。表情包设计与吉州窑象征积极奋进的海浪纹、象征财富的银锭铺地纹、寓意富贵长胜不绝的回字纹，寓意事事如意的如意称心纹等等相结合。小吉身形整体朴拙，五官、眼神、嘴部运用不同表情代表不同的心情和个性特征，衣纹主饰为传统服饰中肚兜形式，配以吉州窑典型纹样符号。（如图4-6-2所示）

*本节案例，由广东文艺职业学院孙珊老师领衔设计并无私提供。感谢：孙珊老师及其团队组员：程晓燕、刘立文、谭伟男、邢晓婷，为本教材提供的学术支持。

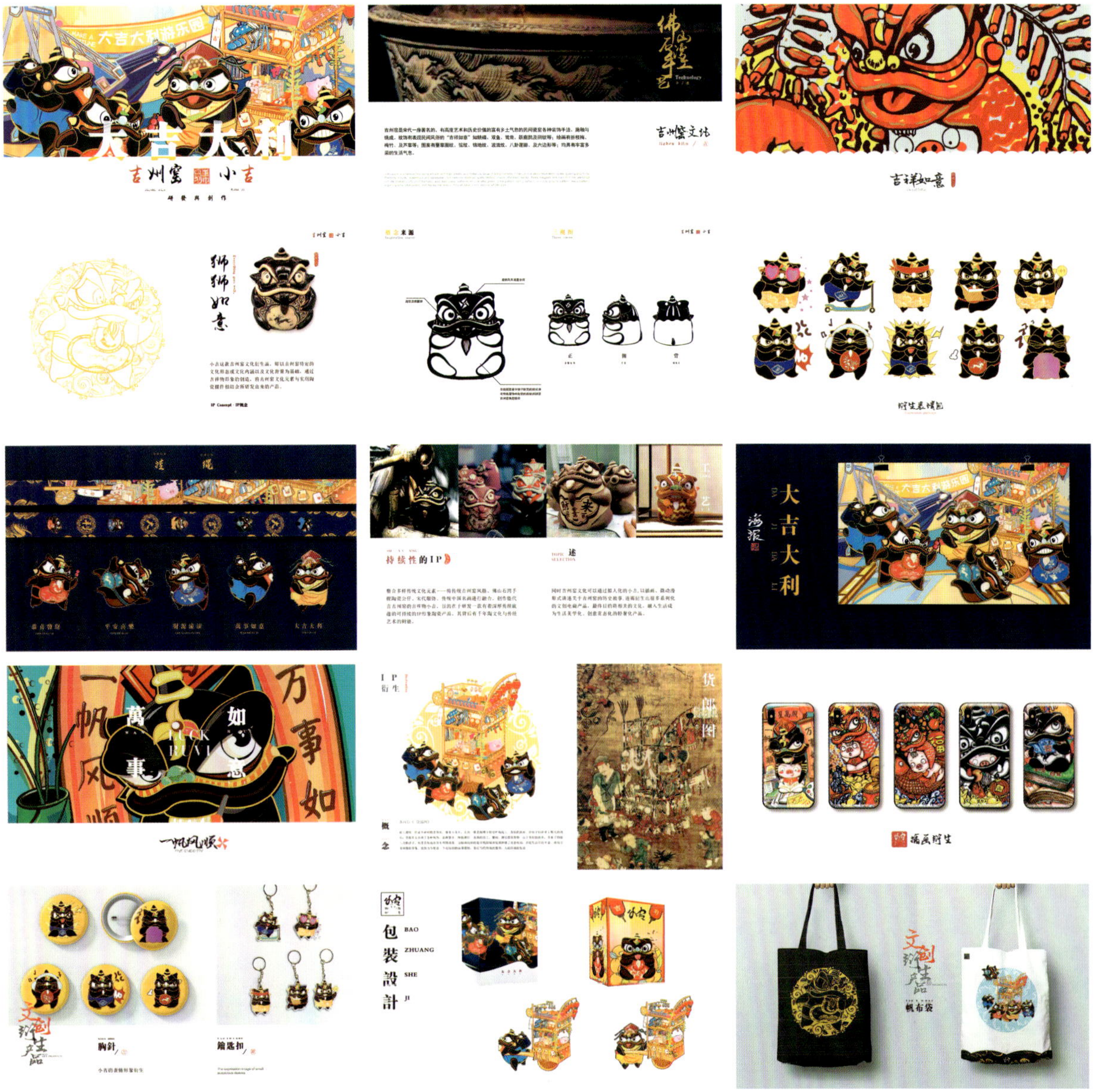

图4-6-2　吉州窑——醒狮"小吉"IP文创系列设计

第七节　传统文化的传承与时尚化
——故宫博物院文化产品设计

本章节案例，是以王俊涛2013年主持设计完成的针对北京故宫博物院进行的较为系统的文化产品设计项目。丰富展现出中国传统文化与现代时尚元素的相互交融。故宫文化产品设计方案分为"衣""食""住""行""文""娱"6大主题，囊括了日常生活各个方面所需的产品，如：旅行背包、手机壳、钥匙扣、调味罐、水杯、茶壶、红酒开瓶器、刀具、旅行筷子、防尘塞、挂衣钩、杯垫、香水、USB转接器、香台、旅行锁、零钱罐、箱包、文具、音箱、U盘、玩具玩偶等。通过这些产品让人们在日常的生活中吸收并传递中华传统文化，让优秀历史文明融入现代生活的方方面面（如图4-7-1所示）。

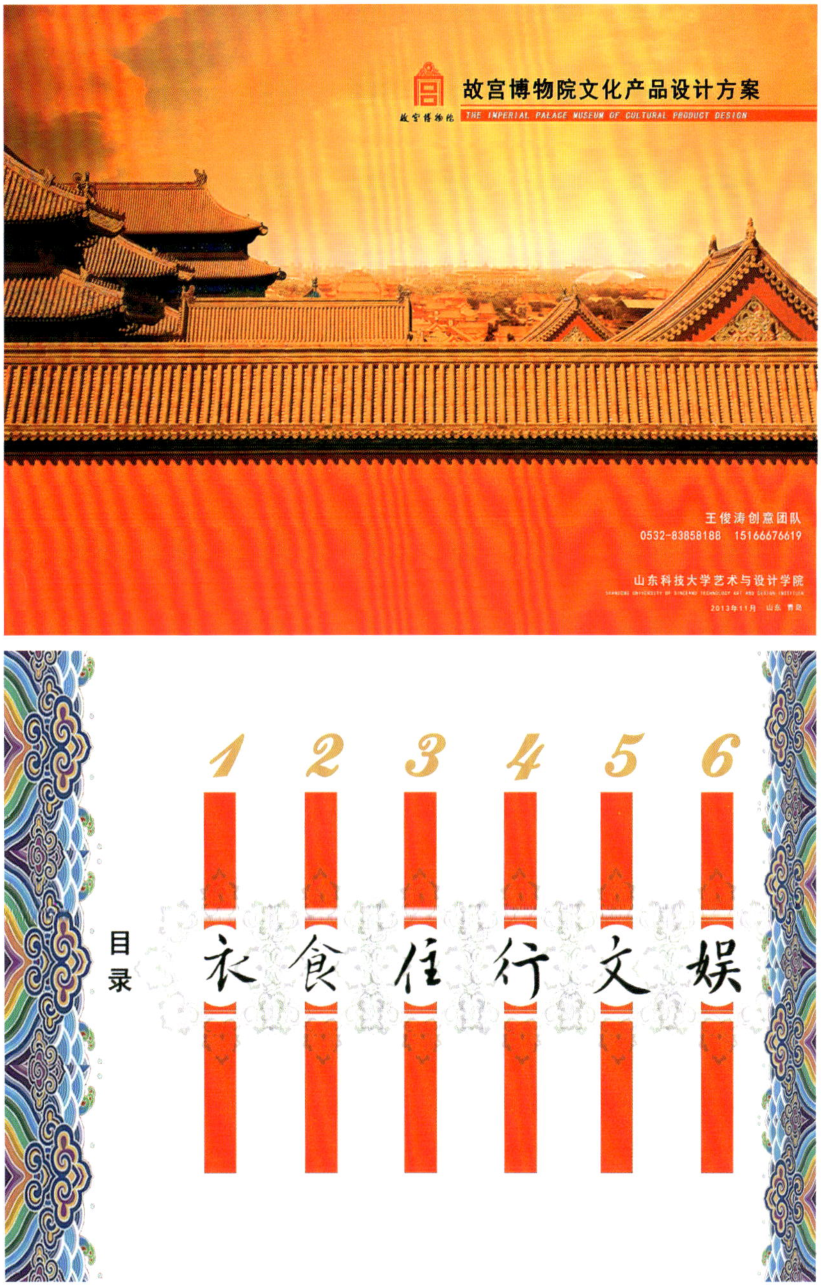

图4-7-1　故宫博物院文化产品设计案例

故宫博物院
文化产品
设计方案

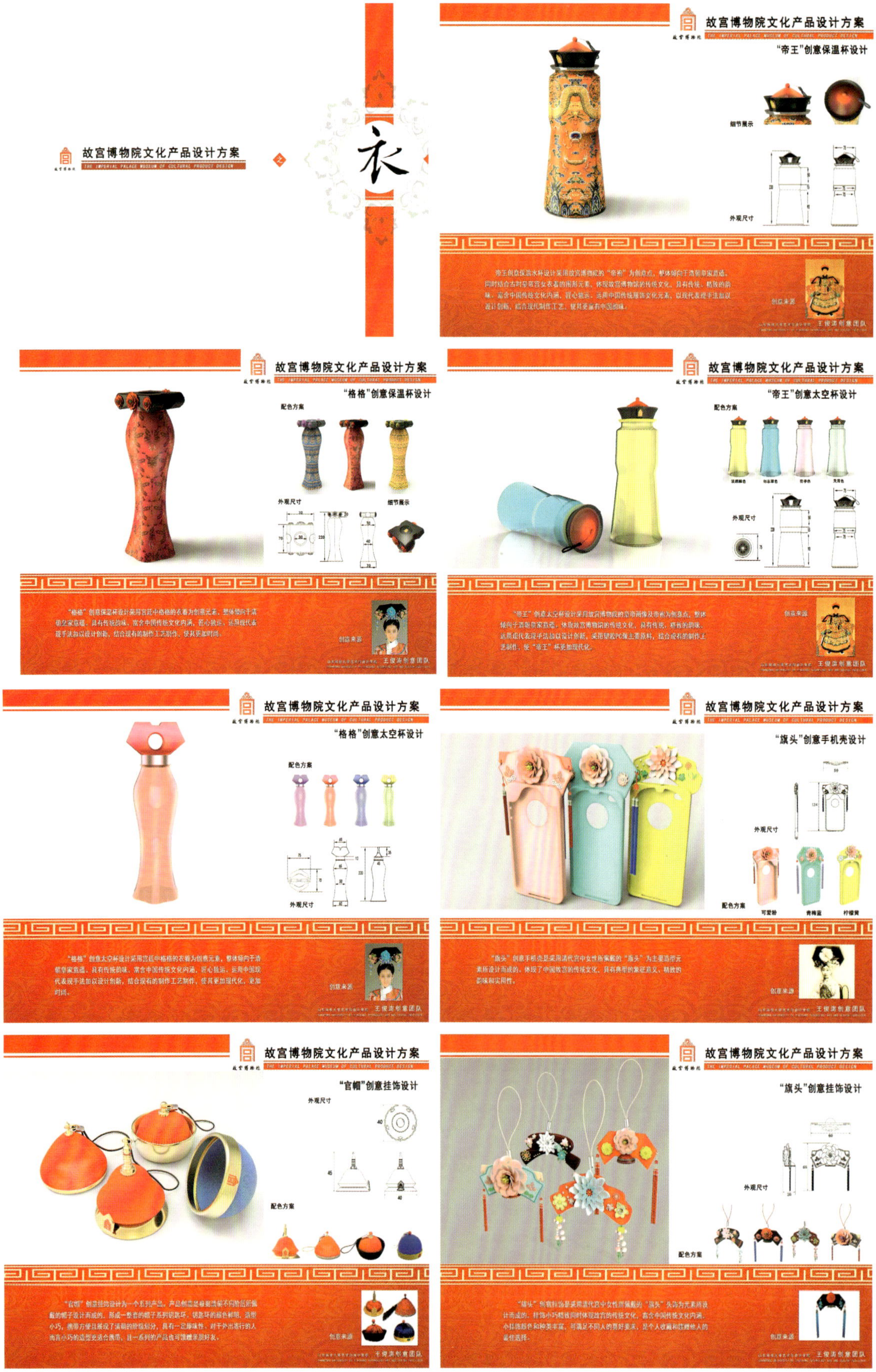

图4-7-1 故宫博物院文化产品设计案例（续）

图4-7-1 故宫博物院文化产品设计案例（续）

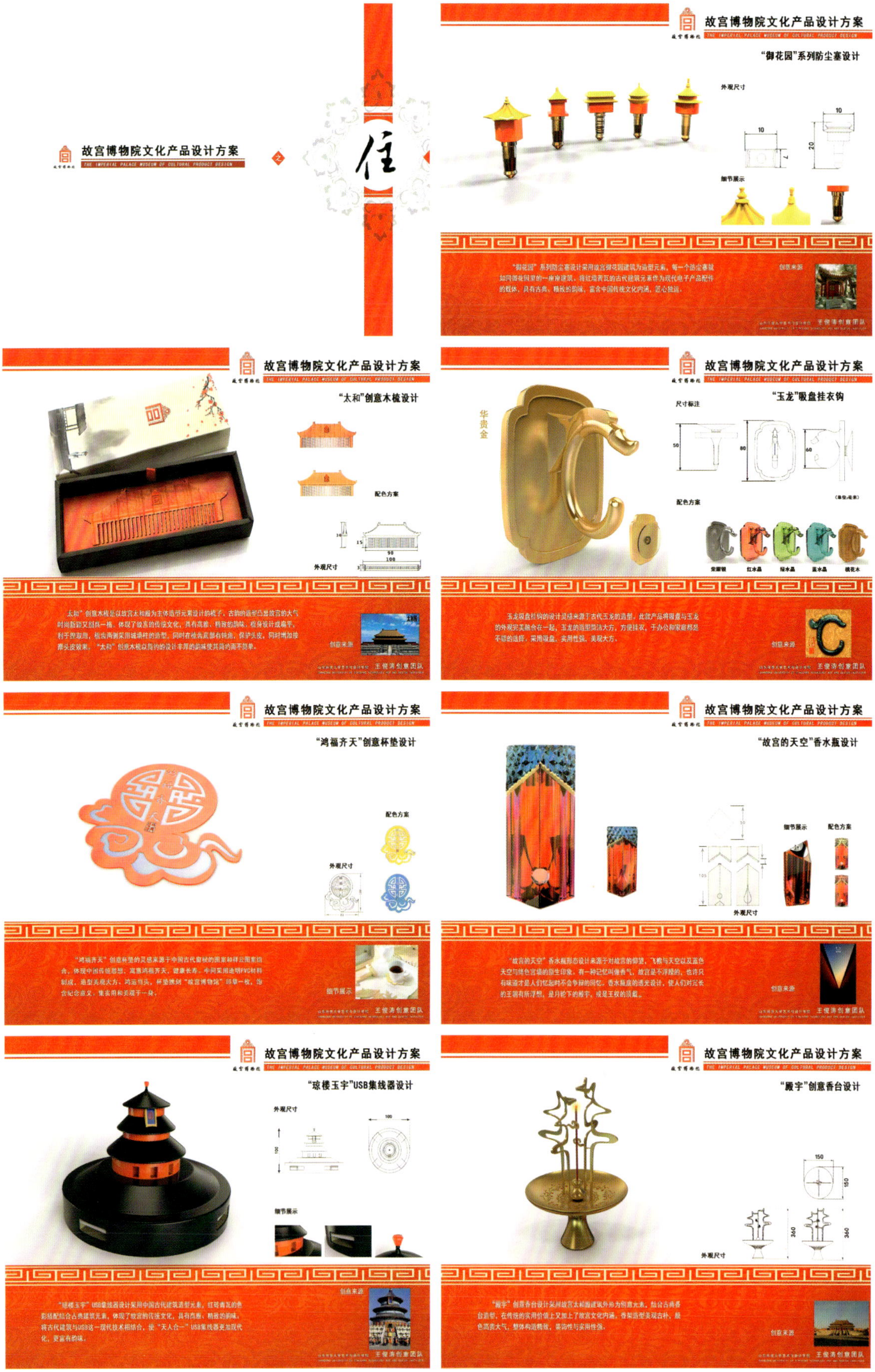

图4-7-1 故宫博物院文化产品设计案例（续）

图4-7-1　故宫博物院文化产品设计案例（续）

图4-7-1　故宫博物院文化产品设计案例（续）

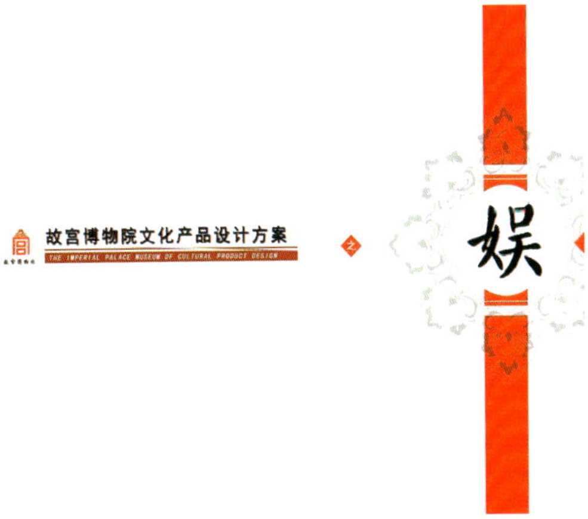

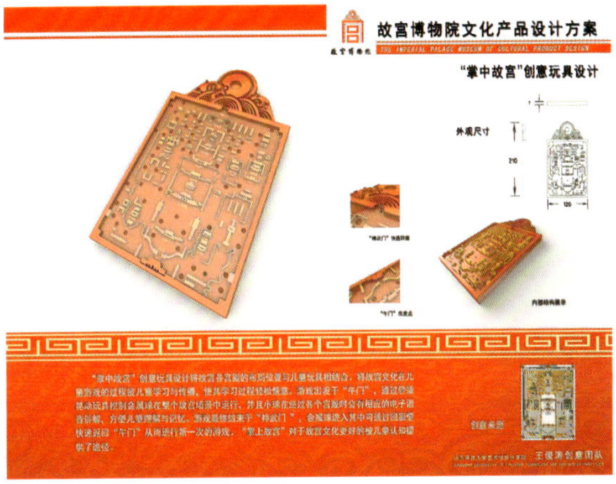

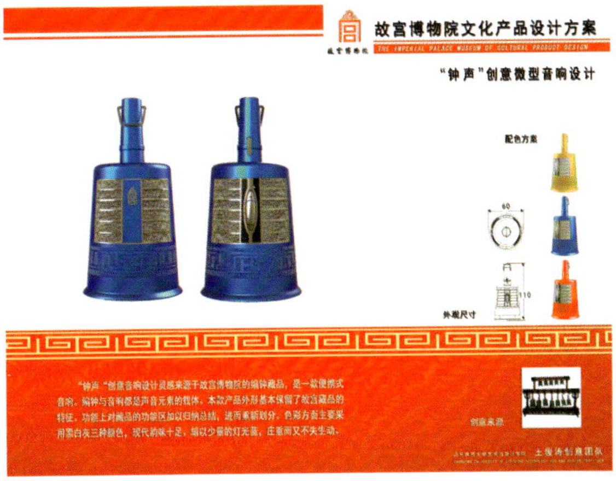

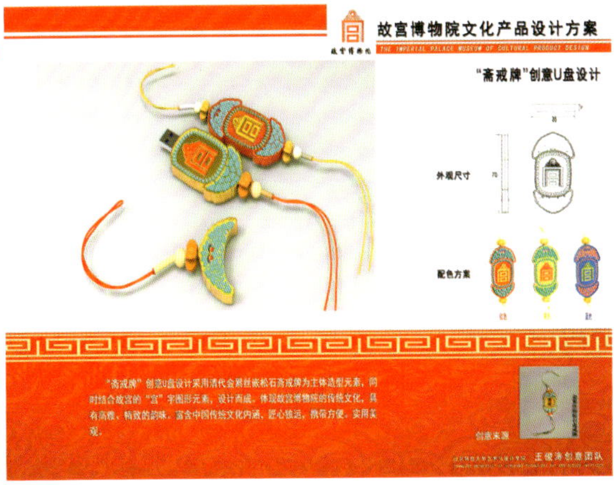

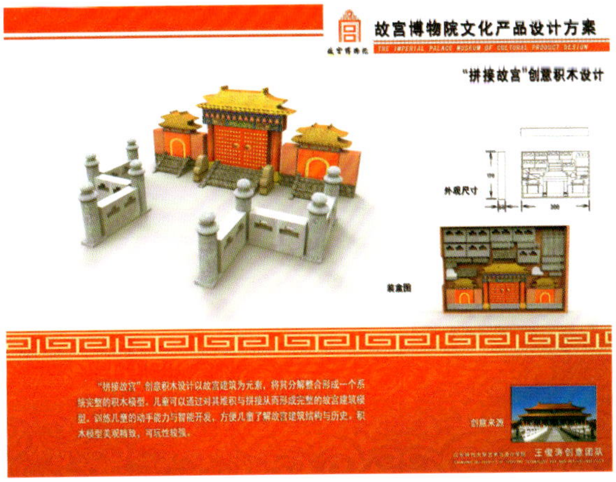

图4-7-1 故宫博物院文化产品设计案例(续)

第八节　中国台湾高雄大学工艺与创意设计学系　学生文创作品

*本节设计案例，由中国台湾高雄大学（NUK）工艺与创意设计学系主任翁群仪先生提供，感谢您及学生为本教材提供的学术支持。

作品一
《Touch wood 搭趣屋——节庆系列》

中国台湾高雄大学2013届毕业设计　作者：胡家榛、周雅平、郑茜桦　指导老师：翁群仪

以中国传统节庆故事为游戏背景，运用传统木工艺与漆工艺的表现技法，制成一系列提供亲子或多人互动的趣味性益智玩具。期望在游戏过程中培养逻辑力与思考能力，使传统文化的技艺与精神得以延续。

《端午节攻城逐鞑子》　　　　　　　　　　《端午赛舟寻屈原》

作品二
《天气贩卖机》

中国台湾高雄大学2016届毕业设计　作者：黄芹琳　指导老师：翁群仪

如果有一天，天气也能够随着人类的心情去左右、变卖，那么世界将会变成怎样？该组作品以图文书的方式创作，讲述五座岛屿上所发生的黑暗故事，包含动物买卖、器官交易、劳力贩售等，而其不合理的交易都是因为背后有人在操弄天气，希望得到更多的利益。

作品三

《庙艺奇弹（Legends of the Temple Arts）》

中国台湾高雄大学2017届毕业设计：林知仪　指导老师：翁群仪

《庙艺奇弹》立体书，让读者通过立体结构认识台湾传统庙宇装饰艺术的题材类别、工艺技法与题材由来。美术风格建立于传统剪黏工艺意象基础，以三角色块绘制成现代马赛克图像。透过本书，使读者更能了解台湾庙宇所蕴含的美丽装饰艺术。

作品四

《伴.绊【Playmate】》

中国台湾高雄大学2016届毕业设计：罗映瑾、黄家仪　指导老师：翁群仪

作品模型源自于我们小时候的假想伙伴，是一个情感与记忆的综合体。《伴·绊》这个作品不批判或告诫什么，只分享自己，它所映照的是那些成为我们羁绊的过往，并借由观者的参与，各自做出不同的诠释。

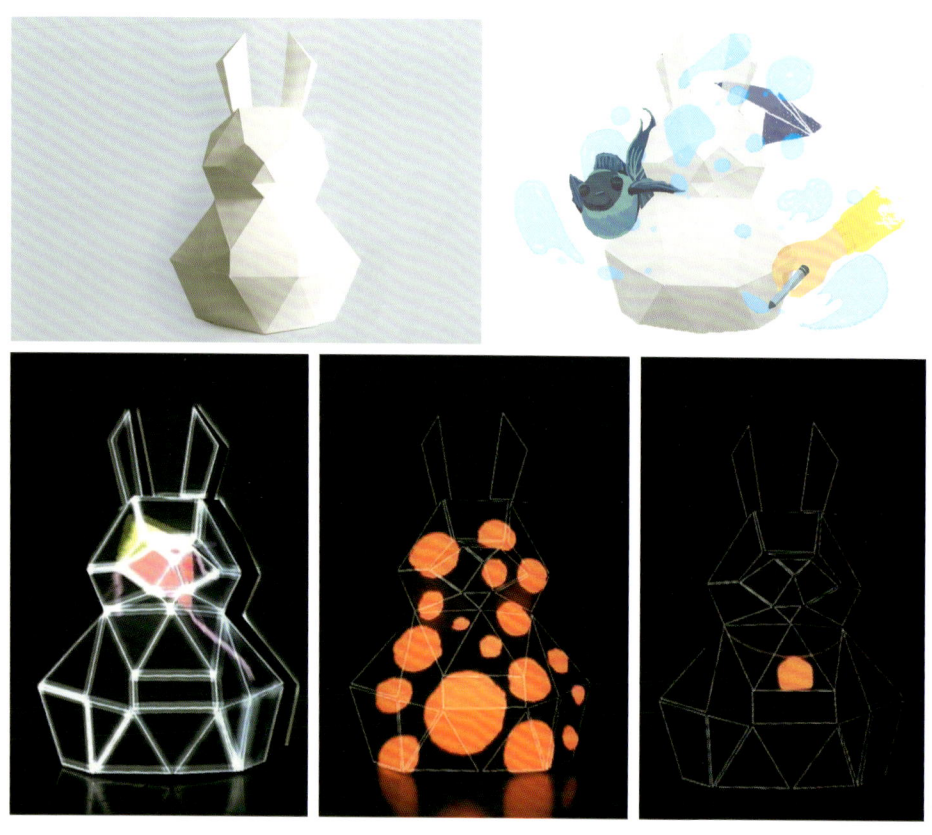

作品五

《花好月圆》

中国台湾高雄大学2013届毕业设计：王亭瑾　指导老师：翁群仪

《花好月圆》原用于中秋佳节时赏月之雅趣，比喻人事美好圆满，并常用于新婚祝颂之词。利用此吉祥语作为艺术创作的提案发想，以有花中之冠之称的牡丹代表美好的花，牡丹花盛开以表"花好"之意，而以圆作为衬底，以达到"月圆"之意象。运用木竹媒材作花的呈现，并搭配金属拼接点缀，强化月亮之意象，此提案发展为灯具的形式，期望以暖色系的"光"，带出花好月圆的温馨感。

后记

本书的形成颇为坎坷，从2009年写作计划的设计、修订，到最终完成、出版，居然用了近十年，正是这十年磨砺，使得本书得以脱胎换骨，因为这十年正是中国文创产业飞速发展的十年。也是我逐步成长，重新深刻认识文创产业的漫长总结。

本书的写作构思源于我2009年获批主持立项的山东省教育厅人文社科项目《非物质文化在当代设计中的继承应用及发展研究》，希望通过理论研究，找到传统文化元素的新生命。该论文获得当年中国工艺美术协会理论委员会的年度优秀论文。但文化创意仅靠空谈理论显然先天不足，恰巧2010年受邀参加山东省博物馆文化产品设计大赛，历时4个月带领设计团队完成6个系列的50余件作品，因设计新颖、设计规划系统，一举拿下最高奖项，并应邀在颁奖典礼上做了15分钟的典型发言。汉礼系列、君子系列等由山东省文化厅推荐参加2012年10月由国家文物局、中国博物馆协会在北京主办举办的"全国博物馆文化产品创意设计推介活动"并获铜奖，这也是除故宫博物院获金、银奖之后，地方选手的最高奖项。同年，论文《基于竹文化的产品设计开发》（英文，ISTP检索），获"中国工业设计发展十年优秀论文评选活动"论文奖（中国工业设计协会）。2013年故宫博物院举办了新中国成立以来第一次面向社会公开征集作品的"紫禁城杯"故宫博物院文化产品设计大赛，经过激烈的角逐，在公布的48件作品中，我们的作品占了6件，占总获奖数的1/8，这是莫大的荣幸与肯定。2014年主持立项山东省艺术科学重点课题《当代产品设计中的"中国印象"研究》（项目编号2014260）更加明确了研究方向。2015年主持国家艺术基金（青年艺术创作人才资助项目）《"中国符号"系列创作》（项目编号：20153200），成为全国仅有的2项设计类入选项目之一、山东省唯一。参与2015年度山东省属本科高校教学改革研究项目（重点）《设计类专业产学研结合人才培养机制改革与创新》（项目编号：2015Z062）、2015年度教育部人文社会科学研究一般项目《基于时尚消费潮流的齐鲁民俗手工艺产业市场化研究》（项目编号：15YJC760017）等，使理论研究水平、视野得以明显提高。2015年入选"文化部、财政部文化产业创业创意重点人才库"。2015～2018年，连续四年参加文化部、财政部、中央文化管理干部学院组织的人才培训。作品在第十、十一届中国（义乌）文化产品交易会和第十二届中国（深圳）国际文化产业博览交易会展出。2016年作品《CHINA杯》入选2016米兰国际设计周，"中国高等院校设计学科师生优秀作品展"2016年4月23日在米兰理工大学展出。2016 - 2018年先后3次入选国家艺术基金《日用陶瓷设计人才培养项目》《龙泉青瓷技艺传承与创新人才培养项目》《粉彩瓷绘技艺创新人才培养项目》使得自身修养、眼界不断开拓。2017年上半年，应邀到中国台湾高雄大学访学半年，期间对中国台湾的文创产业的发展、教育的实施等又有了深刻的了解。也充实了大量资料。一系列的学习培训与参展交流使得我逐步利用国际化视野、科学的思维去审视、剖析当今的中国文创产业，并认识了一大批业界精英，为本书质的升华，铸就坚实的基础。感谢文化部、财政部的支持、感谢中央文干院领导老师，以及优秀的同学们。2018年母校山东工艺美术学院建校45周年之际，回校得到恩师教诲。由于一些最新的设计成果涉及版权、合同约束等问题不能收录书中，成为此次编撰中的遗憾。期待更多的有识之士能支持教育事业。

在本书的写作过程中得到许多专家、学者的指导。感谢恩师国务院学科评议组成员、教育部长江学者特聘教授、同济大学学术委员会副主任、中国美术学院博导孙周兴教授，感谢恩师中国文联副主席、山东省文联主席、山东工艺美术学院院长潘鲁生教授、副院长董占军教授、山东工业设计教育开创者沈祝华教授、教育部工业设计专业教指委委员王智教授。感谢恩师山东师范大学校长、泰山学者、博士生导师曾庆良教授。感谢教育部高等学校艺术设计类专业教学指导委员会副主任、同济大学博士生导师林家阳教授在全书写作上给予的指导和帮助，特别感谢中央文干院领导、老师们的指导。感谢在中国台湾高雄大学访学期间，工艺与创意设计学系翁群仪主任、赖廷鸿教授给予的指导与帮助，以及山东工艺美术学院、山东科技大学艺术与设计学院领导、工业设计系全体教师的支持与帮助。在此谨对所有帮助支持本书编写工作的单位、专家学者表示最真诚的感谢！

感谢毕磊、岳林昊、胡克、于树林、胡斌、王新伟、马天宇、高东方、王世洋、李丹阳、王新元、曲响臻、孙禛禛、许乐、张进凯、李效勇、杨琳琳、李昀清、刘同帅、刘一帆、赵世睿、朱杰、朱冰、吴婷、张圣林、唐资昊、刘一洋、刘国伟在设计项目实施中一起努力的日日夜夜！感谢刘宗璞、王笑竹、唐欣、王晶晶、冷晓、王会、孙琬真、陈星耀、李梦瑶、毕文静，在资料搜集整理中做出的努力。

感谢林家阳教授的鼓励与支持，才使得我有机会将自己的一点体会与大家分享，为中国文创设计教育领域抛砖引玉，让我们为了中华文化的发扬光大而努力吧！最后感谢我的父母妻儿，他们为我的工作与生活付出的太多了！感谢所有帮助、支持我的朋友们！感谢大家！

十年磨一剑，人生其实没有几个十年，希望这十年的总结，能够为大家提供参考。十年磨砺，此书终于2019年出版，为祖国70华诞献礼！

王俊涛

2017年6月于中国台湾高雄大学初稿

2019年1月上海同济大学解放楼定稿

参考文献

[1] 王俊涛，肖慧．新产品设计开发．[M]．北京：中国水利水电出版社，2011

[2] 王俊涛，肖慧，宋志安．AUTO CAD辅助产品设计基础及进阶教程．[M]．济南：山东美术出版社，2006

[3] 沈祝华、米海妹．设计过程与方法．[M]．济南：山东美术出版社，1995

[4] 李砚祖．造物之美：产品设计的艺术与文化[M]．北京：中国人民大学出版社，2000

[5] 鲁晓波．工业设计程序与方法[M]．北京：清华大学出版社：2005

[6] 蔡军．工业设计[M]．长春：吉林美术出版社，1996

[7] 李乐山．工业设计心理学[M]．北京：高等教育出版社，2004

[8] 王虹，张展，沈杰．产品设计[M]．上海：上海人民美术出版社，2006

[9] 张凌浩．产品的语意[M]．北京：中国建筑工业出版社，2005

[10] 张宪荣．设计符号学[M]．北京：化学工业出版社，2003

[11] 吴翔．设计形态学[M]．重庆：重庆大学出版社，2008

[12] 吴鹏波．旅游纪念品设计[M]．北京：人民邮电出版社，2014

[13] 薛志雄．创意设计类小型企业创办策略和案例[M]．北京：中国轻工业出版社，2015

[14] 林桂岚．挑食的设计[M]．济南：山东人民出版社，2007

[15] 钟蕾，李杨．文化创意与旅游产品设计[M]．北京：中国建筑工业出版社，2015

[16] 王俊涛．摄影基础（第二版）[M]．北京：中国轻工业出版社，2014

[17] 许继峰．现代中式家具设计系统论[M]．南京：东南大学出版社，2015

[18] 左鹏．中国城市居民文化产品消费行为研究[M]．上海：上海财经大学出版社，2010

[19] 谢强．创新创业自主学习教程[M]．北京：国家行政学院出版社，2017

[20] 周苏，谢红霞．创新思维与创业能力[M]．北京：中国铁道出版社，2017

[21] 周苏．管理创新方法[M]．北京：中国铁道出版社，2017

[22] 吕金泉．生活的感动：国家艺术基金2015年度艺术人才培养资助项目日用陶瓷设计创新青年人才培养学员成果作品集[M]．南京：江苏凤凰美术出版社，2016

[23] 王俊涛．产品设计程序与方法[M]．北京：中国铁道出版社，2015

[24] 王俊涛，肖慧，高冲．为老年人而设计．[J]．PROCEEDINGS OF ZHE 2005 INTERNATIONAL CONFERENCE ON INDUSTRIAL DESIGN，2005．84-89

[25] 肖慧，王俊涛．手机按键设计分析．[J]．美术大观，2008．3

[26] 葛德平. 图形在家具设计中的应用研究 [J]. 艺术与设计理论，2009
[27] 唐笑非. 在文化创意产品设计中的作用及情感表达 [J]. 包装工程，2016
[28] 刘子建，梁莉. 论意境在产品设计中的表现 [J]. 装饰，2003
[29] 谢利，郑映丽，申民昌，曹利杰. 色彩在食品包装设计中的应用 [J]. 印刷技术，2007
[30] 解睿. "五感"在包装设计中的有效应用 [J]. 跨界·包装(教研版)，2016
[31] 胡瑶. 中国竹文化在产品设计中的应用 [J]. 艺海，2013
[32] 周均. 中国传统色彩漫谈 [J]. 江苏镇江纺织研究，2000
[33] 林乃荣. 饮食文化与文化饮食 [J]. 烹饪学报，2012
[34] 曹亚丽. 旅游辅助类App产品的用户体验研究 [J]. 装饰，2017
[35] 王俊涛. 王俊涛工业设计作品 [J]. 机械设计，2013
[36] 王俊涛. 构建特色校园文化的途径与实践——以校园文化产品设计为例 [J]. 设计，2014
[37] 王俊涛. 理工院系开展知识产权教育的对策研究——以工业设计装业为例 [J]. 设计，2014
[38] J.T.Wang, H.Xiao, M.Yang, Y.B.Sun and X.Y.Wang.Applications of Semiotics in Emotional Design. [J]. INTERNATIONAL VIEW · LOCAL DESIGN · MULTI-DISCIPLINE FUSION—CAID&CD', International Academic Publishers Limited 2007, 2007, 100-103
[39] Juntao Wang, Hui Xiao and Liang Wang. Product Design and Development Based on Bamboo Culture. [J]. Proceedings 2011IEEE 12th International Conference on Computer-Aided Industrial Design&Conceptual Design, 2011.901-906
[40] Juntao Wang, Hui Xiao and Liang Wang.Exploration on Color Environment Design of Blocks in Beijing City Abstraction. [J]. Advances in Civil Engineering and Architecture Innovation, TRANS TECH PUBLICATIONS, 2011.6：3700-3705
[41] M.Yang, X.Zhang, J.T.Wang and K.Song.Kansei Engineering——Analysis and Application. [J]. INTERNATIONAL VIEW · LOCAL DESIGN · MULTI-DISCIPLINE FUSION—CAID&CD', International Academic Publishers Limited 2007, 2007, 174-177
[42] Juntao Wang, Hui Xiao.Automatic Coal Mine Anti-dusty Water Sprayer Controller Design. [J]. 2010 Second International Conference on Future Computer and Communication, 2010, 571-573